WILLI VIETH

Rechtsgrundlagen der Polizei- und Ordnungspflicht

Schriften zum Öffentlichen Recht

Band 255

Rechtsgrundlagen der Polizei- und Ordnungspflicht

Eine Untersuchung zum Verhältnis von Verursachung und Verantwortlichkeit
im gegenwärtigen Polizei- und Ordnungsrecht

Von

Dr. Willi Vieth

DUNCKER & HUMBLOT / BERLIN

© 1974 Duncker & Humblot, Berlin 41
Gedruckt 1974 bei Buchdruckerei A. Sayffaerth - E. L. Krohn, Berlin 61
Printed in Germany

ISBN 3 428 03245 4

D 6

Vorwort

Die vorliegende Abhandlung hat im Sommersemester 1973 dem Fachbereich Rechtswissenschaft der Westf. Wilhelms-Universität zu Münster als Dissertation vorgelegen. Rechtsprechung und Schrifttum konnten im wesentlichen bis Dezember 1973 berücksichtigt werden.

Mein besonderer Dank gilt Herrn Prof. Dr. Hans Ulrich Scupin, der die Untersuchung als Erstberichterstatter betreut hat. Ferner danke ich der Stiftung Mitbestimmung, die mich mit einem Promotionsstipendium gefördert hat, sowie Herrn Ministerialrat a. D. Dr. Johannes Broermann für die Aufnahme der Arbeit in sein Verlagsprogramm.

Münster/Westf., im Mai 1974

Willi Vieth

Inhaltsverzeichnis

Abkürzungsverzeichnis

ALR	=	Allgemeines Landrecht für die preußischen Staaten vom 5. 2. 1794
a. M.	=	anderer Meinung
Anm.	=	Anmerkung
AöR	=	Archiv des öffentlichen Rechts
AS	=	Amtliche Sammlung
BayVBl.	=	Bayerische Verwaltungsblätter
BGBl.	=	Bundesgesetzblatt
BGHZ	=	Entscheidungen des Bundesgerichtshofes in Zivilsachen
BVerfGE	=	Entscheidungen des Bundesverfassungsgerichts
BVerwGE	=	Entscheidungen des Bundesverwaltungsgerichts
CCM (Th I)	=	Corps Constitutionum Marchicarum (Theil I)
DJZ	=	Deutsche Juristenzeitung
DÖV	=	Die öffentliche Verwaltung
DVBl.	=	Deutsches Verwaltungsblatt
Erl.	=	Erläuterung(en)
ESVGH	=	Entscheidungen des württemberg-badischen Verwaltungsgerichtshofes
GewO	=	Gewerbeordnung vom 26. 7. 1900
GG	=	Grundgesetz für die Bundesrepublik Deutschland vom 23. 5. 1949
GS	=	Gesetzessammlung für die Königl. Preußischen Staaten (ab 1907: Preußische Gesetzessammlung)
JuS	=	Juristische Schulung
JZ	=	Juristenzeitung
MDR	=	Landgericht
LG	=	Monatsschrift für deutsches Recht
LVwG	=	Landesverwaltungsgesetz
m. w. N.	=	mit weiteren Nachweisen
NJW	=	Neue Juristische Wochenschrift
OBG	=	Gesetz über Aufbau und Befugnisse der Ordnungsbehörden (Ordnungsbehördengesetz)

OVG	=	Oberverwaltungsgericht
OVGE	=	Entscheidungen der Oberverwaltungsgerichte Münster und Lüneburg
PAG	=	Gesetz über Aufbau und Befugnisse der Polizei in Bayern (Polizeiaufgabengesetz)
PolG	=	Polizeigesetz
Pr.OVG	=	Preußisches Oberverwaltungsgericht
Pr.OVGE	=	Entscheidungen des Preußischen Oberverwaltungsgerichts
pr.PVG	=	preußisches Polizeiverwaltungsgesetz vom 1. 6. 1931
pr.VBl.	=	preußisches Verwaltungsblatt
PVG	=	Polizeiverwaltungsgesetz
Rdnr.	=	Randnummer
RGBl.	=	Reichsgesetzblatt
RGZ	=	Entscheidungen des Reichsgerichts in Zivilsachen
RuPrVBl.	=	Reichs- und preußisches Verwaltungsblatt
RVBl.	=	Reichsverwaltungsblatt
SOG	=	Gesetz über die öffentliche Sicherheit und Ordnung
StVG	=	Straßenverkehrsgesetz vom 19. 12. 1952
VersR	=	Versicherungsrecht. Juristische Rundschau für die Individualversicherung
VerwArch.	=	Verwaltungsarchiv
VerwR	=	Verwaltungsrecht
VerwRspr.	=	Verwaltungsrechtsprechung
VGH	=	Verwaltungsgerichtshof
VVDStRL	=	Veröffentlichungen der Vereinigung der Deutschen Staatsrechtslehrer

Einleitung

Die ursprünglich für das Polizeirecht charakteristische Auffassung, es gebe eine empirisch fundierte, juristisch allgemeingültige „Kausalitäts-(Verursachungs-)Theorie", ist seit längerem immer mehr der Erkenntnis gewichen, daß die polizeirechtliche Verantwortlichkeit letztlich ein normatives Problem ist, das nicht losgelöst von dem rechtlichen Zusammenhang entschieden werden kann, in dem sich die Zurechnungsfrage stellt.

Auch im Polizei- und Ordnungsrecht geht es ebensowenig wie im Zivil- oder Strafrecht um den Nachweis meist unstreitig vorliegender kausaler Zusammenhänge. Soweit der Eintritt von Rechtsfolgen von bestimmten Handlungen oder Zuständen in der Außenwelt abhängig gemacht wird, sind über den ursächlichen Zusammenhang hinaus weitere Kriterien für die rechtliche Beurteilung heranzuziehen. Die kausale Beziehung, d. h. die ursächliche Verknüpfung gewisser Vorgänge, ist allerdings insoweit von Bedeutung, als sie generelle Voraussetzung für die Verantwortlichkeit des Verursachers ist.

In der Rechtsprechung ist schon seit langem die Tendenz erkennbar, die wegen ihrer Generalisierung die Besonderheiten des Einzelfalles nicht genügend berücksichtigenden Verursachungstheorien aufzulockern. Bereits in einer Entscheidung aus dem Jahre 1951 betont der BGH[1], die Adäquanzformel sei nur eine Richtlinie, die von Fall zu Fall konkretisiert werden müsse. Dabei gehe es nicht eigentlich um eine Frage der Kausalität, sondern um die Ermittlung der Grenze, bis zu der dem Urheber einer Bedingung eine Haftung für ihre Folgen billigerweise zugemutet werden könne. Diese weite Interpretation, der sich das Bundesverwaltungsgericht[2] für die polizeirechtliche Haftung angeschlossen hat, wurde in späteren Entscheidungen wieder eingeengt[3]. Sowohl in der Rechtsprechung wie im Schrifttum bleibt jedoch eine differenziertere Auslegung der auf das preußische Polizeiverwaltungsgesetz von 1931 zurückgehenden Haftungsvorschriften im Polizei- und Ordnungsrecht festzustellen.

Die Problematik der polizei- und ordnungsrechtlichen Verantwortlichkeit wird besonders deutlich bei der Bewertung von Störungen der

---

[1] BGH, Urt. v. 23. 10. 51 = BGHZ 3, 261 (267); BGH, Urt. v. 24. 4. 52 in NJW 1952, S. 1010; desgl. Urt. v. 17. 10. 55 = BGHZ 18, 286 (288).
[2] BVerwG, Urt. v. 5. 7. 1951 = AS 12, 312 (313).
[3] z. B. OVG Münster, Urt. v. 31. 1. 1952 = AS 5, 185.

öffentlichen Sicherheit oder Ordnung, die bei Ausübung grundrechtlich geschützter Betätigungen verursacht worden sind. Die Rechtsprechung enthält Beispiele dafür, daß weniger eine bestimmte Verursachungslehre als vielmehr zusätzliche, dem komplexen Sachverhalt
entsprechende Kriterien der Entscheidung zugrunde liegen. Daß eine
Konkretisierung des Verursachungsbegriffs allein nicht zum Ziel führt,
beweist auch die Tatsache, daß bei der Zustandspflichtigkeit, bei der
es im Gegensatz zur Handlungspflichtigkeit auf eine Verursachung
nicht ankommt, die Frage nach dem Störer nicht weniger umstritten ist.

Aufgabe dieser Untersuchung ist es, nach einem kurzen geschicht-
lichen Überblick die in Rechtsprechung und Schrifttum zur Polizei-
und Ordnungspflicht vertretenen Lösungsmöglichkeiten zu analysieren
und zu beurteilen. Dabei soll versucht werden, die Funktion der in
ihrer Bedeutung oft überbewerteten Theorien im Verhältnis zu anderen entscheidungserheblichen Kriterien zu bestimmen und so zu einer
weniger dogmatischen Lösung des Spannungsverhältnisses zwischen
Pflichtigkeit und Rechtsausübung zu gelangen.

A. Rechtsgrundlagen und ihre Entwicklung

§ 1 Gesetzliche Grundlagen

§ 14 Abs. 1 des preußischen Polizeiverwaltungsgesetzes (pr. PVG) sowie die entsprechenden Vorschriften in den heutigen Polizeigesetzen der Länder der Bundesrepublik[1] ermächtigen die Polizeibehörden, „die nach pflichtmäßigem Ermessen notwendigen Maßnahmen zu treffen, um von der Allgemeinheit oder dem Einzelnen Gefahren abzuwehren, durch die die öffentliche Sicherheit oder Ordnung bedroht wird"[2].

Notwendig im Sinne dieser Generalklausel sind alle Maßnahmen, die zur Erreichung des polizeilichen Zweckes der Gefahrenabwehr objektiv beitragen[3]. Dazu gehört gemäß § 18 pr. PVG auch die Inanspruchnahme von Personen, die für das polizeimäßige Verhalten bzw. für den polizeimäßigen Zustand von Sachen verantwortlich (= polizeipflichtig) sind. Diese Verantwortlichkeit wird näher definiert in den §§ 19, 20 pr. PVG[4]: Danach haben sich die Polizei- bzw. Ordnungs-

---

[1] Baden-Württemberg: § 1 Polizeigesetz vom 21. 11. 1955 i. d. F. v. 16. 1. 1968; Berlin: § 14 Polizeiverwaltungsgesetz i. d. F. vom 2. 10. 1958 (pr. PVG); Bremen: § 1 Polizeigesetz vom 5. 7. 1960; Hamburg: § 1 Gesetz über die Polizeiverwaltung vom 7. 11. 1947; Hessen: § 1 Gesetz über die öffentliche Sicherheit und Ordnung vom 17. 12. 1964; Niedersachsen: § 1 Gesetz über die öffentliche Sicherheit und Ordnung vom 21. 3. 1951; Nordrhein-Westfalen: § 1 Ordnungsbehördengesetz vom 28. 10. 1969; § 15 Polizeigesetz vom 28. 10. 1969; Rheinland-Pfalz: § 1 Polizeiverwaltungsgesetz vom 26. 3. 1954; Schleswig-Holstein: § 163 Allg. Verwaltungsgesetz vom 18. 4. 1967; Saarland: § 14 pr.PVG. Auch im bayerischen Polizeirecht finden sich trotz grundsätzlicher Geltung der Einzelermächtigung „partielle Generalklauseln" (Art. 2, 5 bayer. PAG), vgl. *Bachof*, Ein neues Polizeigesetz in Bayern, DÖV 1955, 105.

[2] Nach überwiegender Auffassung stellt die Generalklausel des § 14 pr. PVG nicht nur eine Beschreibung der polizeilichen Aufgaben, sondern primär eine Ermächtigung für Maßnahmen zur Gefahrenabwehr dar. Vgl. *Bachof*, DÖV 1955, S. 105; *Scupin*, Polizeirecht, S. 30.

[3] Zum Begriff der polizeilichen Maßnahmen vgl. *Drews/Wacke*, S. 281 ff.

[4] Im folgenden soll bei Behandlung der Polizeipflichtigkeit von den Vorschriften des preußischen Polizeiverwaltungsgesetzes ausgegangen werden, da dieses Gesetz in mehreren Bundesländern heute noch ganz oder teilweise gilt oder als Grundlage für die Polizei- bzw. Ordnungsbehördengesetze der Länder gedient hat. Die Verhaltenspflichtigkeit ist im einzelnen in folgenden landesrechtlichen Vorschriften geregelt: Baden-Württemberg: § 6 PolG; Bayern: Art. 9 PAG; Berlin, Saarland: § 19 Abs. 1 PVG; Bremen: § 5 Abs. 1 PolG; Hamburg: § 8 SOG; Hessen §§ 12, 13 SOG; Niedersachsen: § 6 Abs. 1 SOG; Nordrhein-Westfalen: § 22 Abs. 1 PolG u. § 17 OBG; Rheinland-Pfalz: § 23 PVG; Schleswig-Holstein: § 185 LVwG. Zustandspflichtigkeit entspre-

behörden an diejenigen Personen zu halten, die eine Gefahr oder Störung verursacht haben bzw. deren Sachen die öffentliche Sicherheit oder Ordnung gefährden. Im Hinblick auf ein polizeiliches Einschreiten[5] bilden somit die polizeiliche Generalklausel des § 14 Abs. 1 PVG und die Vorschriften über die Polizeipflichtigkeit eine Einheit: § 14 Abs. 1 PVG ist die nach dem Vorbehalt des Gesetzes erforderliche Ermächtigungsgrundlage für konkrete Maßnahmen zur Gefahrenabwehr, während die Vorschriften der §§ 18—20 PVG die Richtung des Vorgehens, also den Adressaten des polizeilichen Verwaltungsaktes (Polizeiverfügung) bestimmen.

Scheint somit die Frage, gegen wen die Polizei bei einer Gefahr oder Störung der öffentlichen Sicherheit oder Ordnung einzuschreiten berechtigt ist, durch den Wortlaut des Gesetzes beantwortet zu sein, so gibt es gleichwohl im Polizeirecht kaum ein Problem, das in ähnlichem Umfang Lehrmeinungen und Rechtsprechung beschäftigt hat. Dabei geht es im wesentlichen um die Frage, inwieweit ein bestimmtes Verhalten bzw. der Zustand einer Sache geeignet sind, die Verantwortlichkeit im Sinne der §§ 18 ff. pr. PVG zu begründen.

Gemäß § 19 Abs. 1 pr. PVG ist verantwortlich, wer eine Gefahr oder Störung *verursacht* hat. Bereits die ältere Rechtsprechung[6] und Lehre[7] bezeichnete den „Urheber" einer Störung als den polizeirechtlich Verantwortlichen, aber erst mit der gesetzlichen Fixierung im preußischen Polizeiverwaltungsgesetz vom 1. 6. 1931 wurde die Verursachung zum entscheidenden Tatbestandsmerkmal. Gleichwohl war die umstrittene Frage, welche von mehreren eine Störung mitbewirkenden Ursachen die Polizeipflichtigkeit begründe, durch die weite Fassung der gesetzlichen Vorschrift nicht beantwortet, vielmehr wurde sie zum Ausgangspunkt zahlreicher „Verursachungstheorien".

Der Wortlaut des § 19 Abs. 1 PVG scheint von der Voraussetzung auszugehen, daß jede durch ein Verhalten bewirkte Polizeiwidrigkeit auch verursacht werde. Der Fall, daß eine Handlung als solche bereits eine Störung der öffentlichen Sicherheit oder Ordnung darstellt[8], ist nicht

---

chend § 20 pr.PVG vgl. Baden-Württemberg: § 7 PolG; Bayern: Art. 10 PAG; Berlin, Saarland: § 20 Abs. 1, 2 PVG; Bremen: § 6 PolG; Hamburg: § 9 Abs. 1 SOG; Hessen: § 14 SOG; Niedersachsen: § 7 SOG; Nordrhein-Westfalen: § 18 OBG; Rheinland-Pfalz: § 25 PVG; Schleswig-Holstein: § 186 Abs. 1, 2 LVwG.

[5] Zumeist handelt es sich dabei um Polizeiverfügungen, in Betracht kommt jedoch auch eine Gefahrenbeseitigung mit eigenen Mitteln, vgl. OVG Münster, Urt. v. 3. 10. 1963, DVBl. 1964, S. 683.

[6] z. B. Pr. OVGE 34, 432, Urt. v. 4. 1. 1899; Pr. OVGE 44, 418, Urt. v. 19. 11. 1903; Pr. OVGE 67, 308 (310), Urt. v. 12. 3. 1914.

[7] *Walter Jellinek*, Gesetz, S. 312; *Otto Mayer*, Verwaltungsrecht, S. 221.

[8] z. B. Lärmen zur Nachtzeit, vergleichbar etwa dem Tätigkeitsdelikt im Strafrecht im Gegensatz zum Erfolgsdelikt.

ausdrücklich geregelt. So überrascht es nicht, daß bei der Suche nach dem richtigen Adressaten polizeilicher Maßnahmen häufig Kausalitätsfragen die rechtliche Subsumtion überlagern, auch in solchen Fällen in denen sich ein Verhalten selbst bereits als Störung oder Gefährdung der öffentlichen Ordnung darstellt[9].

Das Polizeirecht hat die Aufgabe, das Spannungsverhältnis zwischen dem Einzelnen und der Gemeinschaft für den Bereich der öffentlichen Sicherheit und Ordnung zu lösen. Dabei ist das Polizeirecht in besonderem Maße verfassungsabhängig[10], d. h., jede polizeirechtliche Norm muß verfassungskonform sein und sich von den Wertentscheidungen der Verfassung her rechtfertigen lassen, sie sollte darüber hinaus stets Ausdruck der jeweiligen Verfassungssituation sein[11]. Aus dem Umfang der Polizeigewalt läßt sich das Maß der Freiheit ablesen, die der Staat dem Einzelnen gegenüber respektiert[12].

Im folgenden soll deshalb auf die geschichtliche Entwicklung des Verhältnisses zwischen Polizei und Bürger eingegangen werden, soweit diese für die vorliegende Untersuchung von Bedeutung ist.

§ 2 Entwicklung des materiellen Polizeibegriffs

Der Umfang der polizeilichen Befugnisse ist gekennzeichnet durch den von der Wissenschaft im 18. Jahrhundert entwickelten materiellen Polizeibegriff[13]. Inhalt und Bedeutung des Wortes Polizei (Policy, Policey) haben sich entsprechend den jeweils herrschenden unterschiedlichen Auffassungen vom Staatszweck seit den ersten Polizeigesetzen und -verordnungen im 15. Jahrhundert mehrfach gewandelt. In den Gesetzen des 15. bis 18. Jahrhunderts bezeichnet das Wort Polizei einen Zustand guter Ordnung des Gemeinwesens wie den öffentlichen Wohlstand überhaupt[14]. „Polizei bestand", wo die Untertanen sich ordentlich,

---

[9] So z. B. in dem vom OVG Lüneburg (AS 11, 292) entschiedenen Fall, wo die Abgabe von Feuerwerkskörpern an Jugendliche mit Zwangsgeld bedroht wird. Dort (S. 296) wird auf die „letzte Verursachung" abgestellt, obwohl in dem Verkauf selbst bereits eine Gefahr gesehen und festgestellt wird und es somit auf Verursachungsfragen nicht mehr ankommt.

[10] *Bachof,* JZ 1962, S. 399; *ders.,* Festschrift Staatsbürger und Staatsgewalt, S. 3, 11 ff.

[11] *v. Köhler,* DÖV 1956, S. 744 ff. (746).

[12] *Werner,* DVBl. 1957, S. 806.

[13] Im folgenden ist mit der Bezeichnung „Polizei, polizeilich" der *materielle Polizeibegriff* gemeint, der die gesamte gefahrenabwehrende Tätigkeit des Staates, also *auch den Aufgabenbereich der Ordnungsbehörden,* umfaßt. Zur Entwicklung des materiellen und formellen (institutionellen) Polizeibegriffs vgl. *Scupin,* Polizeirecht, in: Die Verwaltung, S. 3; *v. Unruh,* Polizei als Tätigkeit der leistenden Verwaltung, DVBl. 1972, S. 469 (471).

[14] *v. Unruh,* S. 470; Quellennachweise bei *Knemeyer,* AöR Bd. 92 (1967), S. 156, 157.

züchtig, gesittet verhielten[15]. Dabei erfolgte die Durchführung der auf
eine gute Polizei gerichteten Anordnungen nicht durch Verwaltungs-
tätigkeit im heutigen Sinne; vielmehr bezweckten die von den Landes-
herren und vom Magistrat erlassenen Vorschriften, mehr durch das
Wohlverhalten der Untertanen als durch administrative Maßnahmen
staatlicher Stellen, gute Ordnung und Polizei zu erreichen. Erst zu Be-
ginn des 18. Jahrhunderts wandelte sich der Begriff Polizei; er war
jetzt weniger Kennzeichen eines Zustandes guter Ordnung, sondern
wurde darüber hinaus zur Bezeichnung der hierfür zuständigen Behörden und ihrer einschlägigen Maßnahmen verwandt.

Das 18. Jahrhundert war einerseits gekennzeichnet durch eine Ausweitung der polizeilichen Befugnisse gegenüber dem Bürger sowie
andererseits durch die Forderung der Naturrechtler, die alle Lebensbereiche umfassende Tätigkeit der Polizei auf die Wahrung der öffentlichen Sicherheit und Ordnung zu beschränken. Die Einheitlichkeit des
Staatswillens in der absoluten Monarchie führte zum Streben der Polizei nach Wahrung der Autorität an sich[16]. Unter Berufung auf das „ius
politiae" konnte der Landesherr alles anordnen, was er aus Zweck-
mäßigkeitsgründen für erforderlich hielt, sofern er den Wohlfahrts-
zweck nicht als bloßen Vorwand benutzte[17].

Kennzeichen einer Gesinnungspolizei, wie sie in einer im Jahre 1736
von Ernst-August von Sachsen-Weimar erlassenen Verordnung[18] zum
Ausdruck kam, war das Prinzip der strikten Unterordnung des Bürgers
unter die obrigkeitliche Autorität. Es wurden nicht nur Verordnungen
zur Aufrechterhaltung von Sicherheit und Ordnung erlassen; unter Berufung auf das Ziel der „salus publica" griff der Staat auch in den
privaten Bereich seiner Bürger ein[19]. Daneben waren mit besonderer
Gründlichkeit Handel und Gewerbe geregelt. So wurde die Bebauung
der Felder ebenso vorgeschrieben und überwacht wie der Handel, insbesondere die Ausfuhr des Getreides[20].

---

[15] In einer Anordnung, die Bischof Rudolf von Scherenberg als Landesherr von Würzburg 1476 erlassen hat, heißt es, daß die Stadt „mit viel löb-
lichen Polizeien und guten Ordnungen" versehen sei; zit. nach *Schiedermair*,
Einführung in das bayerische Polizeirecht, S. 18.
[16] *Wolzendorff*, Polizeigedanke, S. 31.
[17] *Wolzendorff*, Umfang der Polizeigewalt, S. 57 f.
[18] „Das vielfältige Raisonnieren der Unterthanen wird hiermit bey halb-
jähriger Zuchthausstrafe verboten, und haben die Beamten solches auf Be-
schehen sogleich anzuzeigen, maßen das Regiment von Uns, nicht aber von
den Bauern, dependiert, und Wir keine Raisonneurs zu Unterthanen haben
wollen...", zit. nach *Wolzendorff*, Polizeigedanke, S. 40.
[19] So regelten z. B. königliche Edikte, wie sich die Angehörigen der verschiedenen Stände zu kleiden hatten sowie Art und Menge der Speisen bei
Hochzeiten und Kindtaufen. Vgl. *J. J. Moser*, Von der Landeshoheit in Policeysachen, CCM, V. Th. I, Nr. IX; siehe auch *Wacke*, Dorf-Policey-Ordnung,
insbes. S. 74 ff.
[20] *Moser*, Landeshoheit, CCM V, Th. III, Abt. Nr. XXXV.

Der Grund für diese sämtliche Lebensbereiche erfassenden gesetzlichen Regelungen ist nicht allein im eudämonistischen Polizeigedanken, dem Streben nach Glück und allgemeiner Wohlfahrt, zu suchen. Die Verordnungen und Maßnahmen zur Überwachung von Handel und Gewerbe dienten vielmehr der wirtschaftlichen Selbstbehauptung des Staates im Zeitalter des Merkantilismus. Gesetzliche Vorschriften, die eine staatliche Zensur von Büchern und Schriften anordneten, bezweckten im wesentlichen die Aufrechterhaltung der Autorität im Staat. Der Untertan sollte nicht zu kritischem Denken gelangen, sondern in „Ruhe und Modestie" auf die Richtigkeit obrigkeitlicher Maßnahmen vertrauen[21].

Die Frage, unter welchen Voraussetzungen die Polizei gegen den Bürger einzuschreiten berechtigt war, stellte sich im Polizeistaat gar nicht erst. Sie wurde überdeckt durch das Prinzip absoluter Autoritätswahrung, wonach es dem Untertanen nicht zukam, nach der Berechtigung staatlicher Eingriffe zu fragen. Grundlage jeder „polizeilichen Maßnahme war der Grundsatz, wonach derjenige, der eine Aufgabe zu erfüllen berufen ist, auch ausgestattet sein müsse mit den erforderlichen Rechten"[22].

Gegen diese absolutistische Auffassung von den Aufgaben der Polizei, die den Staatszweck zum Zweck der Polizei machte[23]. wandten sich die Vertreter der naturrechtlichen, „liberalen" Aufklärungsphilosophie des 18. Jahrhunderts.

So definierte der Staatsrechtslehrer Pütter in seiner 1770 erschienenen Schrift „Institutiones iuris publici germanici" in § 331 den neuen Polizeibegriff: „politiae est cura avertendi mala futura; promovendae salutis cura non est proprie politiae". Hier wird zum ersten Mal nachdrücklich eine Einschränkung des materiellen Polizeibegriffs auf den Sicherheitszweck gefordert. Aufbauend auf den naturrechtlichen Grundsätzen brachte das Preußische Allgemeine Landrecht von 1794 die gesetzliche Begrenzung der polizeilichen Befugnisse. In den §§ 2, 3 Teil II Titel 17 ALR wird ausdrücklich zwischen der Erhaltung von Ruhe und Sicherheit als erster Aufgabe des Staates sowie der Wohlfahrtspflege unterschieden. Der neue auf die Gefahrenabwehr eingeschränkte Polizeibegriff fand seine gesetzliche Definition in der bekannten Vorschrift des § 10 II 17 ALR:

> „Die nöthigen Anstalten zur Erhaltung der öffentlichen Ruhe, Sicherheit und Ordnung, und zur Abwendung der dem Publiko, oder einzelnen Mitgliedern desselben bevorstehenden Gefahr zu treffen, ist das Amt der Polizey."

---

[21] *Wolzendorff*, Polizeigedanke, S. 40.
[22] *O. Mayer*, VerwR I, S. 204 („ius ad finem dat ius ad media").
[23] *Wolzendorff*, Umfang der Polizeigewalt, S. 48.

Trotz dieser klaren gesetzlichen Regelung blieb es in der Praxis auch in der Folgezeit noch bei dem alten Zustand: Die Polizei kümmerte sich weiterhin — begünstigt durch eine restaurative Gesetzgebung[24] ebenso wie durch Stimmen im Schrifttum[25] — auch um die Wohlfahrtspflege. Der zentralen polizeilichen Aufgabe der Gefahrenabwehr verhalf dann das Pr. OVG mit dem sog. Kreuzbergurteil vom 14. 6. 1882[26] zum Durchbruch. Seither war der § 10 II 17 ALR entweder als unmittelbare Rechtsgrundlage für ein Einschreiten der Polizei anerkannt[27], oder er wurde als Grundlage für das vom Preuß. OVG in jahrzehntelanger, ständiger Rechtsprechung geschaffene Gewohnheitsrecht angesehen, das allgemeine Rechtsüberzeugung des späteren 19. Jahrhunderts war[28]. Für beide zum gleichen Ergebnis führenden Auffassungen bildete der § 10 II 17 ALR die Definition des materiellen Polizeibegriffs.

Mit der Vorschrift des § 10 II 17 ALR war zwar erstmals in der Geschichte des Polizeirechts eine gesetzliche Grundlage in Form einer Generalklausel für Maßnahmen der Polizei zur Gefahrenabwehr gegeben. Die entscheidende Frage jedoch, gegen wen diese Maßnahmen ergriffen werden sollten, wurde erst aufbauend auf der Rechtsprechung des Preuß. OVG und anderer Oberverwaltungsgerichte durch das preußische Polizeiverwaltungsgesetz vom 1. 6. 1931 gesetzlich fixiert.

§ 3 Ansätze in Lehre und Rechtsprechung
vor Erlaß des preußischen Polizeiverwaltungsgesetzes

I. Lehre

Im älteren Schrifttum sind die Kriterien zur Umschreibung der polizeirechtlichen Verantwortlichkeit für Gefahren oder Störungen der

---

[24] Die königliche Verordnung über die „Verbesserte Einrichtung der Provinzial-, Polizey- und Finanzbehörden" vom 26. 12. 1808 (Preuß. GS, S. 464) übertrug in § 3 den Regierungen in ihrer Eigenschaft als „Landespolizeibehörde" die „Fürsorge wegen des Gemeinwohls unserer getreuen Untertanen. Sie sind daher so berechtigt als verpflichtet, nicht allein allem vorzubeugen, was Gefahr ... bringen kann ..., sondern auch dafür zu sorgen, daß das allgemeine Wohl gefördert werde ..."; Desgleichen wird in § 50 der „Geschäftsinstruktion für die Regierungen in sämtlichen Provinzen" (GS 1808, S. 494) die „Mehrung und Beförderung der allgemeinen Wohlfahrt" angeordnet.

[25] So schrieb *Robert von Mohl* noch in der 1866 erschienenen 3. Auflage seiner „Polizeiwissenschaft" (Bd. I, S. 63): „Wenn der Rechtsstaat so häufig, namentlich von der Kantischen Naturrechts-Schule ... bloß als eine Anstalt zur Sicherung der Rechte erklärt ... wird, so springt die Unvollständigkeit dieser Begriffsbestimmung in die Augen. Wer möchte und könnte in einem Staat leben, der nur Justiz übte, allein gar keine polizeiliche Hülfe eintreten ließe?"

[26] Pr.OVGE 9, 353 ff.

[27] Pr.OVGE 3, 340; Urt. v. 14. 11. 1877; *Franzen*, S. 80 (Begründung zu § 14 PVG).

[28] *Bill Drews*, Preußisches Polizeirecht, S. 5.

öffentlichen Ordnung noch vage und unbestimmt, differenzieren aber bereits zwischen der Haftung für ein Verhalten und für den ordnungsmäßigen Zustand von Sachen.

Ebenso wie Walter Jellinek[29] bezeichnet Arnstedt[30] den „Urheber" polizeiwidriger Zustände als denjenigen, an den sich die Polizei halten könne, ohne indessen näher zu erläutern, welche Anforderungen an dessen Verhalten bzw. den Zustand im Hinblick auf eine daraus resultierende Pflichtigkeit zu stellen seien. Konkreter definiert Wolzendorff in einer im Jahre 1918 veröffentlichten eingehenden Untersuchung[31] die polizeirechtliche Verantwortlichkeit. Danach kann die Polizei vom Bürger nur das Unterlassen oder Beseitigen von Störungen verlangen, „die von ihm ausgehen, sei es von seinem persönlichen Verhalten oder von seinem Eigentum, seinen Unternehmungen etc., wofür er sozial verantwortlich erscheint."

Nach Otto Mayer[32] entspricht es dem Wesen der Polizeigewalt, daß sie gegen denjenigen vorgehe, „von dem die abzuwehrende Störung der guten Ordnung des Gemeinwesens ausgeht". Die Störung gelte ohne Berücksichtigung eines Verschuldens als ausgehend von dem, dessen „Lebenskreis" sie entspringe. Dabei werde ihm nicht nur sein persönliches Verhalten zugerechnet, sondern auch der gefährliche Zustand seiner Einrichtungen[33].

Jellinek[34] unterscheidet bereits „zwei ganz verschiedene Gruppen" von Störern: den Gewalthaber und den Verursacher. Seine Forderung nach der Polizeipflicht des Gewalthabers neben der Eigentümerhaftung ist wenig später in § 20 Abs. 2 pr. PVG gesetzlich fixiert worden. Auch die bereits auf eine Unterscheidung von mittelbarer und unmittelbarer Verursachung hinweisenden Formulierungen vom „Veranlasser" und „Zweckveranlasser" gehen auf Jellinek[35] zurück. Im Gegensatz zum

---

[29] Gesetz, S. 312 ff.

[30] Das preußische Polizeirecht, S. 54.

[31] Polizeigedanke, S. 191.

[32] Deutsches Verwaltungsrecht, Bd. 1, S. 221.

[33] Wenn *E. Moser* (Verursachungstheorie, S. 59) behauptet, der Definition Otto Mayers zur Polizeipflicht komme wegen der Ungenauigkeit des Begriffes „Lebenskreis" kein polizeipraktischer Wert zu, so ist ihm entgegenzuhalten, daß dieser Begriff lediglich eine allgemeine Umschreibung der ursprünglich nicht unterschiedenen Verantwortungsbereiche des Verhaltens- und Zustandsstörers darstellt und ihm insofern eine dogmengeschichtliche Bedeutung zukommt. Eine Parallele zu diesem Begriff bildet das Denkmodell Schnurs vom „Überschreiten des Rechtskreises": auch hier dient ein einheitliches Kriterium zur Abgrenzung der Handlungs- wie auch der Zustandspflichtigkeit.

[34] Verwaltungsrecht, S. 442.

[35] Verwaltungsrecht, S. 444; *ders.*, Gesetz, S. 310 f.; an anderer Stelle (S. 317) spricht Jellinek ausdrücklich von „unmittelbarer Verursachung".

Verursacher soll der bloße Veranlasser einer Polizeiwidrigkeit nicht verantwortlich sein, da er nicht selbst verursache, sondern nur den Anlaß für die eigentliche Verursachung einer Störung durch andere sei.

II. Rechtsprechung

Schon vor Erlaß des preußischen Polizeiverwaltungsgesetzes im Jahre 1931 hatte die Rechtsprechung insbesondere des Pr. Oberverwaltungsgerichts wesentliche Grundsätze zur polizeirechtlichen Verantwortlichkeit entwickelt[36]. Die zur Bestimmung des Polizeipflichtigen herangezogenen Kriterien waren jedoch keineswegs einheitlich. Zwar wird bereits in den hierzu ergangenen Entscheidungen der Urheber eines polizeiwidrigen Zustandes als Verantwortlicher bezeichnet. Wer indessen unter mehreren Mitwirkenden als Urheber in Betracht kommt, wird mit unterschiedlichen Formulierungen nur vage angedeutet. Nach einem Urteil des Pr.OVG vom 22. 12. 1894[37] kann sich die Polizeibehörde an denjenigen halten, der den polizeiwidrigen Erfolg herbeigeführt hat. In einer Entscheidung vom 26. 11. 1896[38] erklärt das Gericht den für verantwortlich, der an dem störenden Ereignis „mitgewirkt" hat. Im sog. Demonstrationsfall vom 18. 12. 1896[39], in dem eine Versammlung der Heilsarmee zu Menschenansammlungen und Ruhestörungen führte, wurde die Polizeipflichtigkeit der Heilsarmee verneint, da deren Versammlung „an sich" zulässig und nur der äußere Anlaß für die Störung sei. Zwei Jahre später wiederum verlangt das Gericht die Beseitigung einer Polizeiwidrigkeit von demjenigen, der sie „veranlaßt" hat[40].

In diesen frühen Entscheidungen des Pr.OVG ist der Begriff des Verursachers nur eines unter mehreren Kriterien zur Kennzeichnung der polizeirechtlichen Verantwortlichkeit[41]; erst später nimmt die Rechtsprechung zur Polizeipflicht schärfere Konturen an.

Die Tendenz, unverbindliche und weitgefaßte Kriterien zur Begründung der Polizeipflicht durch eine spezifisch polizeirechtliche, sicherheitsorientierte, gleichzeitig aber die individuelle Freiheit berücksich-

---

[36] z. B. den Grundsatz, daß der Urheber eines polizeiwidrigen Zustandes für diesen verantwortlich sei und dafür in Anspruch genommen werden könne, Pr.OVGE 28, 274; 34, 434 (437), oder die öffentlich-rechtliche Verpflichtung des Eigentümers, sein Grundstück in ordnungsmäßigem Zustand zu halten, Pr.OVGE 8, 330; 18, 419; 30, 216.

[37] Pr.VerwBl. Bd. 16, S. 350.

[38] Pr.VerwBl. Bd. 18, S. 317.

[39] Pr.OVGE 31, 409.

[40] Pr.OVGE 34, 435.

[41] Vgl. z. B. Leitsatz des Endurteils v. 19. 11. 1903 (44, 418), wo neben der „Urheberschaft" von Verschulden, Mangel an Vorsicht sowie dem „Einfluß nicht anzurechnender zufälliger Umstände" die Rede ist.

tigende Betrachtungsweise zu ersetzen, wird in einigen bekannten Entscheidungen deutlich. Diese Urteile stellen weniger auf eine irgendwie geartete Urheberschaft (herbeiführen, mitwirken, veranlassen) ab als auf die Nähe der Handlung zu der eingetretenen Störung oder Gefahr. Der Grundsatz, daß sich die Polizei nur an die Personen halten dürfe, welche die Störung unmittelbar bewirken, ist in der bereits erwähnten Entscheidung vom 18. 12. 1896[42] zu erkennen. Darin stellt das Gericht fest, eine Veranstaltung dürfe nicht allein deshalb untersagt werden, weil sie Anlaß zu Verkehrsstauungen oder Ruhestörungen gebe, „andernfalls müßten zahlreiche, an sich vollkommen zulässige Handlungen und Vorgänge des täglichen Lebens von der Polizei lediglich aus dem Grunde untersagt werden, weil sie die Neugierde und Schaulust und deshalb eine Ansammlung des Publikums zu erregen pflegen und weil der rohere Teil des letzteren Anlaß nehmen kann, seine Skandalsucht zu befriedigen"[43]. Die Polizei kann sich also nur an das unmittelbar störende Publikum halten.

Die in verschiedenen Entscheidungen[44] wiederholte Begründung, daß eine „an sich zulässige Handlung" nicht allein wegen der Möglichkeit weiterer Reaktionen untersagt werden dürfe, weist bereits auf eine Modifizierung des reinen Verursachungsbegriffs hin:

1. Zur Begründung der polizeilichen Verantwortlichkeit und Haftung bedarf es außer einer conditio sine qua non weiterer Kriterien;
2. bei der Frage nach dem störenden Verhalten (bzw. Zustand einer Sache) sind die rechtlichen Befugnisse des Verursachers zu berücksichtigen.

Ebenfalls mit einem Hinweis auf das Erfordernis der Unmittelbarkeit der Störung wird in einem anderen Urteil[45] die polizeiliche Inanspruchnahme eines Schaustellers für unzulässig erklärt, vor dessen Lokal sich bei Filmvorführungen eine Zuschauermenge ansammelte, die ihrerseits zu Verkehrsstörungen führte. Ein Einschreiten gegen einen anderen als den unmittelbaren Störer wird vom Pr.OVG[46] als Ausnahme angesehen, die nur mit Rücksicht auf die besondere Lage des Einzelfalles gegeben sei. Eine solche Ausnahme vom Grundsatz der Unmittelbarkeit der Störung stellt der Reklame-Fall vom 28. 10. 1901[47] dar: Anknüpfend an die Lehre Walter Jellineks vom Zweckveranlasser bejaht das Gericht die Verantwortlichkeit des reklametreibenden Kaufmanns unter Hinweis auf dessen Absicht, die darauf gerichtet sei, „die Schau-

---

[42] Pr.OVGE 31, 409.
[43] Pr.OVGE 31, 409 (411).
[44] z. B. Pr.OVGE 78, 261; 80, 176.
[45] Pr.OVGE 50, 370 (373).
[46] Pr.OVGE 78, 261 (266).
[47] Pr.OVGE 40, 216.

lust anzuregen und das Stehenbleiben des Publikums zu veranlassen". Hier tritt zur Begründung der Pflichtigkeit ein subjektives Element, nämlich die eine zu erwartende Störung in Kauf nehmende Willensbetätigung, an die Stelle der reinen Erfolgshaftung. In einem Urteil vom 10. 10. 1929[48] kommt das Pr.OVG zum gleichen Ergebnis mit einer Begründung, bei der das Schwergewicht weniger auf der Frage nach der Verursachung (persönliche Anknüpfung) als auf der Frage liegt, ob angesichts der Grundfreiheiten des Einzelnen überhaupt eine Störung im Sinne des Polizeirechts zu bejahen ist (sachliche Anknüpfung). In der Begründung heißt es:

> „Der durch § 1 der Reichsgewerbeordnung aufgestellte Grundsatz der Gewerbefreiheit findet seine Schranken in den Erfordernissen der für jedermann geltenden polizeilichen Vorschriften[49]."

Hier findet sich zudem, nunmehr auch in der Rechtsprechung, der bereits im älteren Schrifttum[50] formulierte Gedanke des Schutzes, der Wertung und Abstufung der Rechtsgüter.

Insgesamt bleibt festzuhalten, daß die ältere Rechtsprechung die Frage nach der polizeirechtlichen Verantwortlichkeit nicht im Sinne einer bestimmten „Verursachungstheorie" entscheidet. Neben den Kriterien der wesentlichen bzw. ausschlaggebenden Bedingung findet sich häufig das Erfordernis der Unmittelbarkeit zwischen Verhalten und polizeiwidrigem Erfolg. Dabei wird in einigen Urteilen die für eine Inanspruchnahme als notwendig erachtete Unmittelbarkeit ausdrücklich verlangt[51], in anderen Entscheidungen dagegen wird im Sinne dieser Voraussetzung entschieden[52], ohne daß sich die Gerichte expressis verbis darauf berufen.

III. Polizeipflicht und Verschulden

Bei der Frage nach der polizeirechtlichen Verantwortlichkeit wird gelegentlich im Schrifttum, vereinzelt auch in der Rechtsprechung die Meinung vertreten, daß nur eine schuldhafte Verursachung die Inanspruchnahme des Störers rechtfertige.

a) Besonders Walter Jellinek tritt in analoger Anwendung privatrechtlicher Haftungsgrundsätze für eine Berücksichtigung des Schuldelements auch im Polizeirecht ein[53]. Eine Polizeipflicht ohne ein Ver-

---

[48] Pr.OVGE 85, 270.
[49] Ebd., S. 270.
[50] *Fleiner*, Institutionen, S. 397; *Jellinek*, Gesetz, S. 271.
[51] z. B. in DJZ 1927, S. 1044; Pr.OVGE 78, 261, Urt. v. 18. 1. 1923; Pr.OVGE 103, 139, Urt. v. 25. 11. 1937.
[52] Pr.OVGE 31, 409, Urt. v. 18. 12. 1896; Pr.OVGE 80, 176, Urt. v. 14. 5. 1925.
[53] *Jellinek*, Gesetz, S. 312 ff.; *ders.*, VerwR, S. 444; *ders.*, RuPrVerwBl. 52 (1931), S. 121, 122. — Ohne eigene Begründung haben sich ihm angeschlossen:

schulden bejaht er nur in Fällen, bei denen auch im Privatrecht die Haftung allein an den Erfolg anknüpfe (z. B. die Tierhalterhaftung des § 839 BGB). Jellinek stützt seine Ansicht auf § 120 Ziff. 8 des Badischen Polizei-Strafgesetzbuches[54], wonach bestraft wird, wer Brücken und andere öffentliche Einrichtungen aus Fahrlässigkeit beschädigt und nicht sofort für angemessene Wiederherstellung Sorge trägt. Er beruft sich ferner auf eine Entscheidung des Pr.OVG[55], der folgender Sachverhalt zugrunde lag:

> Ein Bergungsunternehmen hatte ein nach einer Kollision in der Elbmündung gesunkenes Schiff gehoben und flußaufwärts geschleppt, wo es infolge Nebels erneut auf Grund lief.

Das Gericht hatte eine Verantwortlichkeit des Bergungsvereins verneint, „weil der polizeiwidrige Zustand ohne ein Verschulden des Klägers eingetreten und obwohl er alles getan hat, was er nach menschlicher Voraussicht tun konnte, durch höhere Gewalt und von seinem Willen unabhängige, ihm also nicht anzurechnende Zufälle verursacht worden ist, mit anderen Worten: der Kläger ist nicht Urheber des Zustandes".

Dieser von Jellinek zitierten Entscheidung, die eine Ausnahme in der langjährigen Rechtsprechung des Preußischen Oberverwaltungsgerichts darstellt, kommt allenfalls eine dogmengeschichtliche Bedeutung zu. Sie stammt aus einer Zeit, in der Verursachung und Verschulden im Polizeirecht begrifflich nicht eindeutig unterschieden wurden. Auch die erwähnte Strafbestimmung des Bad. PolStGB läßt aus demselben Grunde ebensowenig wie irgendeine andere Strafbestimmung einen Schluß auf die Voraussetzungen der polizeirechtlichen Verantwortlichkeit zu.

b) Während Jellinek für eine generelle Anwendung des Verschuldensgrundsatzes im Polizeirecht eintritt, differenziert Scholz-Forni[56] je nach Beschaffenheit der verletzten Norm. Er unterscheidet zwischen der Verursachung eines polizeiwidrigen Erfolges durch Verletzung einer besonderen Norm[57] und der Verursachung durch Verletzung einer allgemeinen Norm[58], z. B. der staatsbürgerlichen Pflicht, Störungen der öffentlichen Sicherheit oder Ordnung zu vermeiden. Im ersten Fall soll allein der ursächliche Zusammenhang genügen; der objektive Verstoß gegen die besondere Norm begründe die polizeirechtliche Verantwort-

---

Stier-Somlo, Das Polizeiverwaltungsgesetz (PVG), Berlin 1932, Anm. 1 zu § 19 prPVG; *Bargatzky*, Das neue Polizeirecht, Übersicht VI B 3.

[54] *Jellinek*, Gesetz, S. 312.

[55] Pr.VOGE 44, 418, Urt. v. 29. 11. 1903, sog. Valkyrie-Fall.

[56] *Scholz-Forni*, Über die Verantwortlichkeit des Urhebers eines polizeiwidrigen Zustandes, in: Verw.-Archiv, Bd. 30, S. 11 ff.

[57] *Scholz-Forni*, S. 27.

[58] *Scholz-Forni*, S. 37 ff.

lichkeit. Dagegen sei bei einem Verstoß gegen eine allgemeine Norm, wie sie z. B. § 10 II 17 ALR darstelle, „Verschulden in Form der Vorhersehbarkeit des polizeiwidrigen Zustandes" nötig.

Die unterschiedliche Behandlung beider Fälle, die eine Verquickung des Verschuldensgrundsatzes mit dem Adäquanzgedanken[59] darstellt, erscheint nicht gerechtfertigt. So ist z. B. nicht ersichtlich, weshalb die mildere Form der Polizeipflicht mit Berücksichtigung subjektiver Momente davon abhängen soll, ob die polizeiliche Generalklausel oder eine Verordnung Rechtsgrundlage der polizeilichen oder ordnungsbehördlichen Maßnahmen war.

c) Die Auffassungen, die für ein Verschulden als Voraussetzung polizeirechtlicher Verantwortlichkeit eintreten, haben sich nicht durchgesetzt. Sie sind dogmengeschichtlich zurückzuführen auf eine Übertragung zivil- und strafrechtlicher Vorstellungen in das Polizeirecht, das sich aber gerade durch die Nichtberücksichtigung subjektiver Elemente von anderen Rechtsgebieten unterscheidet[60]. Beispiele für die Ableitung der polizeirechtlichen von der zivil- und strafrechtlichen Haftung finden sich auch in einigen Entscheidungen des Preußischen OVG. So heißt es in der Begründung eines Urteils vom 17. 3. 1910[61]: „Wer lediglich ein ihm zustehendes Recht innerhalb der rechtlichen Grenzen ausübt, wird wegen der dadurch herbeigeführten Folgen weder strafrechtlich noch bürgerlichrechtlich verantwortlich und kann deswegen auch nicht polizeirechtlich verantwortlich gemacht werden[62]."

Die auf einem Verschulden beruhenden Entscheidungen sind Ausnahmen in der umfangreichen Rechtsprechung zur Haftung im Polizeirecht. In der Folgezeit hat sich das Preußische OVG[63] ebenso wie das Sächsische[64] und das Thüringische Oberverwaltungsgericht[65] konstant zur Erfolgshaftung bekannt. Bereits im Endurteil vom 4. 1. 1899[66] hatte das Pr.OVG zum Ausdruck gebracht, daß zwischen einem Verhalten und dem polizeiwidrigen Erfolg ein ursächlicher Zusammenhang erforderlich, aber auch ausreichend sei, um die Haftung zu begründen. Es ist deshalb unzutreffend, von einem „Verschuldensprinzip" im Polizeirecht zu sprechen[67]. Wie die Begründungen der zitierten Urteile zum Ver-

---

[59] s. unten § 11.
[60] *Drews/Wacke*, Polizeirecht, S. 207.
[61] Pr.OVG 56, 366.
[62] Diese Argumentation zeigt die noch nicht entwickelte Eigenständigkeit polizeirechtlichen Denkens.
[63] z. B. Urt. v. 3. 12. 1912 = Pr.VBl. 36, 393; Pr.OVG 67, 308, Urt. v. 12. 3. 1914; Pr.OVG 94, 126, Urt. v. 11. 10. 1939.
[64] Jahrb. Sächs.OVG 1, 204 ff., Urt. v. 3. 8. 1901; Jahrb. Sächs.OVG 14, 2, Urt. v. 7. 4. 1909.
[65] Jahrb. Thür.OVG 15, 146, Urt. v. 2. 11. 1932.
[66] Pr.OVG 34, 436 (438).
[76] So z. B. *E. Moser*, S. 40; *Bergmann*, S. 88.

schulden zeigen, handelt es sich nicht selten um eine unzulässige Vermengung von Schuld und Kausalität; der Begriff des Urhebers wurde
weniger kausal als vielmehr unter dem weitergefaßten Kriterium der
Verantwortlichkeit definiert.

Mit dem Polizeiverwaltungsgesetz vom 1. 6. 1931 wurde der von
Rechtsprechung und Schrifttum entwickelte Grundsatz von der Verantwortlichkeit und Haftung des Verursachers gesetzlich fixiert. Während
in den Ausschußberatungen zum pr.PVG die Frage nach einem schuld-
haften Verhalten als Voraussetzung der Polizeipflicht noch erörtert
worden war[68], entschied sich der Gesetzgeber für das bereits vorher
überwiegend vertretene Verursachungsprinzip.

---

[68] *Friedrichs*, Polizeiverwaltungsgesetz, S. 241.

B. Verursachung und Verantwortlichkeit

§ 4 Kausalität und Verursachung

Das Gesetz knüpft an bestimmte menschliche Verhaltensweisen (positives Tun, Unterlassen) regelmäßig Rechtsfolgen. Ist jemand für den Erfolg einer Handlung rechtlich verantwortlich, d. h. haftet er für bestimmte Folgen seines von der Rechtsordnung mißbilligten Verhaltens, so kann auf einen realen Wirkungszusammenhang zwischen dem konkreten Verhalten und dem im Gesetz umschriebenen mißbilligten Erfolg als Voraussetzung für den Eintritt der Rechtsfolge nicht verzichtet werden. Diese je nach der Rechtsmaterie unterschiedlich enge Verknüpfung zwischen Handlung und Erfolg findet sich als kausaler Faktor in zahlreichen gesetzlichen Vorschriften.

Der Begriff der Kausalität ist kein spezifisch juristischer, sondern ein allen Wissenschaften gemeinsamer „erkenntnistheoretischer" Begriff[1]. Nach Welzel[2] ist Kausalität „keine bloß logische, noch weniger eine bloß ‚gedankliche' Verknüpfung mehrerer Ergebnisse, sondern der zwar nicht wahrnehmbare, aber im Denken erfaßbare gesetzliche Zusammenhang in der Aufeinanderfolge des realen Geschehens und ist darum als solche ebenso real wie das Geschehen selbst". Da die Kausalität die innere Verknüpfung in der zeitlichen Aufeinanderfolge des realen Geschehens (im Gegensatz zu dem konditionellen Denkschema „Grund-Folge") darstellt, ist die „kausale Relation"[3] für alle Einzelwissenschaften die gleiche, mit anderen Worten: Es gibt weder einen speziellen zivil- oder strafrechtlichen Kausalbegriff noch eine besondere Kausalität im Polizeirecht.

Immer wieder finden sich Aussagen wie die, „daß die juristische Kausalität viel enger ist als die Kausalität im logischen Sinne"[4], man spricht von „Ursachen im Rechtssinne"[5] oder von der „Kausalität hin-

---

[1] *Träger*, Der Kausalbegriff im Straf- und Zivilrecht, S. 16; *Engisch*, Einführung in das juristische Denken, S. 41; *Gass*, Ursache, Grund und Bedingung im Rechtsgeschehen, S. 57; a. M. *König*, Bayer.PAG, Art. 10, S. 327: „Die Kausalität (ist) ein rechtlicher Begriff".

[2] Strafrecht, S. 38.

[3] Zum Verhältnis Ursache — Wirkung/Grund — Folge vgl. *Gass*, S. 15 ff.

[4] *Max Ernst Mayer*, Der Kausalzusammenhang, S. 518.

[5] BSozGE 1, 150.

sichtlich der Polizeipflichtigkeit"[6]. Diese und ähnliche Formulierungen[7] zeigen, daß bei der Subsumtion eines Sachverhaltes unter den polizeirechtlichen Tatbestand nicht selten Kausalitätsvorstellungen die rechtliche Bewertung der einzelnen Störungsfaktoren überlagern.

Nach Gass[8] liegt der grundsätzliche Fehler in der juristischen Theorie und Praxis darin, „daß die kausalen Begriffe auch in die ‚juristische Relation' hineingetragen werden, mit anderen Worten, daß die kausale Beziehung, die ausschließlich den Vorgängen der realen Wirklichkeit vorbehalten ist, auch auf die reinen Denkgegenstände der der rechtlichen Beurteilung, Ein- und Unterordnung unterworfenen rechtlichen Tatbestände angewendet wird."

Daher wäre es treffender und weniger mißverständlich, von ursächlichem Zusammenhang im Rechtssinne statt von Kausalität zu sprechen, soweit das Gesetz zur Begründung der Pflichtigkeit eine bestimmte Abhängigkeit zwischen einer Handlung und der dadurch bewirkten Gefahr oder Störung voraussetzt. Nach der naturwissenschaftlich-philosophischen Erkenntnislehre ist Ursache die Gesamtheit der Bedingungen eines Erfolges[9]. Ursache einer konkreten Wirkung ist somit bereits jede conditio sine qua non. Da es aber auf dem Gebiete des Rechts weder möglich noch notwendig ist, die Vielfalt und Unendlichkeit aller Kausalfaktoren zu berücksichtigen, sondern einzelne zu einem Lebenssachverhalt verdichtete Lebensvorgänge unter den Aspekten eines gesetzlichen Tatbestandes zu beurteilen, ist es ausreichend, sich auf die Feststellung bestimmter Ursachen zu beschränken. Bei dem Problem von Verursachung und rechtlicher Verantwortlichkeit geht es somit nicht primär um das Verhältnis von Ursache und Wirkung; entscheidend ist vielmehr die Frage, ob ein bestimmtes Verhalten als zureichender Rechtsgrund für die Anknüpfung von Rechtsfolgen anerkannt werden kann.

Mag der Streit um die Begriffe Kausalität, Verursachung und Bedingung auch — insbesondere im terminologischen Bereich — ein Streit um Worte sein[10], so erscheint gleichwohl eine klare Unterscheidung zwischen der ausschließlich den Vorgängen der realen Wirklichkeit vorbehaltenen kausalen Beziehung und den der Wertung und Beurteilung unterworfenen rechtlichen Tatbeständen unerläßlich.

---

[6] OVG Münster, VerwRspr. 5 Nr. 95.
[7] Weitere Nachweise vgl. *Engisch*, Einführung in das juristische Denken, S. 35.
[8] Ursache, S. 15 ff.
[9] *Traeger*, S. 16, 17.
[10] So *Rödig*, S. 16, 17.

§ 5 Verursachung und Unterlassung

Das rechtlich relevante, zurechenbare Verhalten umfaßt sowohl das aktive Tun (Handeln) wie auch das passive Verhalten (Unterlassen). Ist bei einem positiven Tun der Kausalzusammenhang zwischen Handlung und Erfolg meist unschwer nachzuweisen, so erscheint bei einem sich als Unterlassen darstellenden menschlichen Verhalten bereits der ursächliche Zusammenhang zwischen Nichthandeln und Haftungstatbestand problematisch. Man könnte also meinen, daß jedenfalls bei den durch Unterlassen bewirkten polizeiwidrigen Tatbeständen echte Kausalitätsprobleme zu lösen seien.

In der Tat wird die Frage, ob und unter welchen Voraussetzungen[11] ein nur passives Verhalten mitursächlich für bestimmte Erfolge sein könne, seit langem ausführlich diskutiert[12]. Dabei wird der Sinn dieses Streites heute durchaus in Frage gestellt[13]. Die sich im Schrifttum findenden Aussagen zur Kausalität der Unterlassung erstrecken sich von der Meinung, daß eine verursachende Bedeutung der Unterlassung zu verneinen sei[14], bis zu der Ansicht, daß es eine Kausalität der Unterlassung nicht nur gebe, daß sie vielmehr die Regel sei[15]. So wird z. B. die Kausalität zwischen Nichthandeln und Erfolg bejaht, indem man den Wirkungszusammenhang nicht über die unterlassene Handlung, sondern über die im Gegensatz zur Unterlassung stets nachweisbare Möglichkeit eines aktiven Verhaltens konstruiert[16], welches infolge verabsäumter Aufmerksamkeit und Sorgfaltspflicht die rechtlich geschützte Interessensphäre eines einzelnen oder der Rechtsgemeinschaft gefährdet oder verletzt[17].

Auch die sogenannte Kausalität der Unterlassung ist weniger eine Frage des Kausalzusammenhangs als eine solche der rechtlichen Wertung und Beurteilung. Bei der haftungsrechtlichen Wertung eines passiven Verhaltens wird gefragt, ob ein aktives Tun, nämlich die zur Erfolgsabwendung notwendige und zweckmäßige Handlung, die einge-

---

[11] So wird z. B. versucht, die Ursache in einem die Unterlassung zeitlich begleitenden oder ihr vorausgehenden Tun oder in einer Unterdrückung des Willensimpulses zum erfolgverhindernden Handeln oder in ähnlichen positiven Momenten nachzuweisen, vgl. *Maurach*, Deutsches Strafrecht, Allg. Teil, S. 585.

[12] Vgl. *Rödig*, S. 125 ff.

[13] *Rödig*, S. 135 Anm. 304 mit weiteren Nachweisen.

[14] *Traeger*, S. 71.

[15] *Rödig*, S. 129.

[16] *Gass*, S. 102.

[17] Beispiele: Die Nichtisolierung einer Starkstromleitung oder die Nichtbeachtung eines offenen Feuers in der Nähe eines strohgedeckten Hauses kann auch als aktives Tun aufgefaßt werden, nämlich als Unterhaltung einer Starkstromleitung ohne Isolierung bzw. als Verlassen eines offenen Feuers.

tretene Wirkung verhindert hätte. Die Unterlassung dieser in der konkreten Situation erforderlichen Handlung wird unter bestimmten Voraussetzungen der aktiven Verursachung des eingetretenen Erfolges rechtlich gleich erachtet, wenn nämlich durch die unterlassene Handlung der mißbilligte Erfolg verhindert worden wäre und sofern eine Rechtspflicht zur Gefahrenabwehr bzw. -beseitigung bestand[18].

Da das Hinzudenken einer in concreto nicht bewirkten Handlung zu einer „Kausalreihe" notwendigerweise stets ein gedanklicher Vorgang bleibt, der nachträglich an das wirkliche Geschehen herangetragen wird, kann ein solcher nur hypothetischer Kausalverlauf nie mit derselben Sicherheit festgestellt werden wie ein faktisch nachweisbarer. Daher wird im Hinblick auf die rechtliche Relevanz der Unterlassung eine hohe, an Sicherheit grenzende Wahrscheinlichkeit, daß der Erfolg bei Vornahme der unterlassenen Handlung nicht eingetreten wäre, als hinreichend, aber auch als notwendig für den Haftungseintritt angesehen[19].

Sieht man diese Frage unter dem rechtlichen Aspekt der Verantwortlichkeit, so kann man den Streit, ob auch ein Nichthandeln ursächlich sein kann, getrost auf sich beruhen lassen. Entscheidend ist vielmehr, daß unter bestimmten Voraussetzungen ein nur passives Verhalten einem unter rechtlichen Gesichtspunkten gebotenen Handeln im Hinblick auf die Rechtsfolge gleichgestellt wird. Insofern kann der gelegentlich für eine nur „potentielle Kausalität" angeführte Satz „ex nihilo nihil fit" nichts beweisen, denn bei Kenntnis einer Gefahr kann auch das Nichthandeln zu einer Entscheidung werden, deren Folgen zurechenbar sind.

§ 6 Die Verantwortlichkeit des Verursachers

§ 19 Abs. 1 pr. PVG[20] knüpft die Verantwortlichkeit für ein polizeiwidriges Verhalten an die Verursachung einer Gefahr oder Störung der öffentlichen Sicherheit oder Ordnung.

Damit ist das Verursachungsprinzip das entscheidende Merkmal der polizeirechtlichen gegenüber der zivil- und strafrechtlichen Verantwort-

---

[18] PR.OVGE 55, 267 (268); *Drews/Wacke*, S. 218.

[19] BVerwGE 14, 183 ff., Urt. v. 23. 5. 1962.

[20] § 19 Abs. 1 prPVG lautet: „Wird die öffentliche Sicherheit oder Ordnung durch das Verhalten von Personen gestört oder gefährdet, so haben sich die Polizeibehörden an diejenigen Personen zu halten, die die Störung oder Gefahr verursacht haben". Die entsprechenden Vorschriften in den Polizei- bzw. Ordnungsbehördengesetzen der Länder (vgl. oben § 1) schließen sich der klassischen Formulierung des § 19 Abs. 1 prPVG an und drücken mit gleichen oder ähnlichen Worten denselben Tatbestand aus.

lichkeit, bei der in der Regel[21] zum äußeren Kausalzusammenhang Rechtswidrigkeit und Verschulden hinzutritt. Diese sich aus der erfolgsbezogenen polizeilichen Tätigkeit, nämlich der konkreten Schadensverhütung, ergebende Reduzierung der Voraussetzungen der Verantwortlichkeit auf die bloße Verursachung hat zur Folge, daß nach dem Wortlaut des Gesetzes auch entfernte Ursachen in Betracht kommen, denn Ausgangspunkt des gesetzlichen Verursachungsprinzips ist ebenso wie bei der Erfolgshaftung in anderen Rechtsbereichen die Gleichwertigkeit (Äquivalenz) aller erfolgswirksamen Ursachen.

Abgesehen von § 23 des rheinland-pfälzischen PVG, wonach nur die unmittelbare Verursachung einer Störung die polizeirechtliche Verantwortlichkeit begründet[22], schweigen die Polizeigesetze darüber, wann ein ursächlicher Zusammenhang zwischen einem Verhalten und der dadurch bedingten Störung bzw. Gefahr anzunehmen ist. Der Begriff der Verursachung in § 19 Abs. 1 PVG bedarf als unbestimmter Gesetzesbegriff[23] wegen seines weiten Bedeutungsinhalts der Ausfüllung und Konkretisierung. Denn unzweifelhaft sollte nach dem Willen des Gesetzgebers nicht jede Ursache im naturwissenschaftlich-technischen Sinne die Störerverantwortlichkeit begründen, sondern nur die polizeirechtlich relevante Ursache, also das Verhalten, in welchem sich eine Gefahr oder Störung der öffentlichen Sicherheit oder Ordnung derart verwirklicht, daß polizeiliche Abwehrmaßnahmen erforderlich werden. Der unbestimmte Gesetzesbegriff mit der Folge der Gleichwertigkeit der Ursachen als Ausgangspunkt bietet die Voraussetzung für eine rechtliche Wertung und Ausfüllung durch Rechtsprechung und Lehre. Er entspricht der Differenziertheit menschlicher Verhaltensweisen und erscheint angesichts komplexer Lebenssachverhalte für eine Anpassung des abstrakten Gesetzes an die konkrete Situation notwendig. Insoweit erfüllt der Verursachungsbegriff eine der polizeilichen Generalklausel des § 14 Pr.PVG vergleichbare Funktion[24].

Gemäß § 19 Abs. 1 PVG haben sich die Polizeibehörden an diejenigen Personen zu halten, die durch ihr Verhalten die Störung verursacht haben. Diese Vorschrift geht von der nicht in jedem Fall zutreffenden Prämisse aus, daß nicht schon das Verhalten selbst die öffentliche Sicherheit oder Ordnung gefährdet, sondern daß ein Verhalten die Störung erst verursache[25], das Verhalten gleichsam „wertneutrales"

---

[21] Ausnahmen z. B. § 839 BGB, §§ 7, 17 StVG.

[22] Vgl. unten § 10 I.

[23] Vgl. *Bachof*, Beurteilungsspielraum, Ermessen und unbestimmter Rechtsbegriff im Verwaltungsrecht, JZ 1955, S. 97 ff.

[24] Vgl. *Wolff*, VerwR I, § 31 I c.

[25] Nicht selten verwirklicht sich die Störung bereits in dem Verhalten selbst (z. B. eine nicht genehmigte Demonstration), so daß Kausalprobleme erst gar nicht auftreten.

Bindeglied zwischen polizeimäßigem und polizeiwidrigem Zustand sei. Diese Tatsache, daß der Wortlaut des Gesetzes im Hinblick auf die Entstehung der Störung stets ein Grund-Folge-Verhältnis im Sinne einer zeitlichen Aufeinanderfolge von Handlung und Störung voraussetzt, trug mit dazu bei, gerade bei der Frage nach dem Handlungsstörer kausale Gesichtspunkte in den Vordergrund zu stellen[26]. Bei der polizeirechtlichen Verantwortlichkeit geht es indes nicht primär um Kausalitätsfragen. Problematisch ist nicht der Nachweis eines Kausalzusammenhangs zwischen einem Verhalten und dem dadurch bewirkten Erfolg. Entscheidend ist vielmehr eine normative, am geltenden Recht orientierte Abwägung und Bewertung der einzelnen, zu der Störung führenden Bedingungen.

Die Problematik der Polizeipflichtigkeit zeigt sich insbesondere im Spannungsfeld zwischen der öffentlichen Sicherheit und Ordnung einerseits sowie der Rechtssphäre des Bürgers andererseits, also bei der rechtlichen Bewertung von Störungen, die in Ausübung grundrechtlich geschützter Betätigungen verursacht worden sind[27]. Es bleibt festzuhalten, daß der unbestimmte Gesetzesbegriff der Verursachung der Abgrenzung und Konkretisierung anhand von Kriterien bedarf, die den Erfordernissen des Polizeirechts entsprechen, dabei jedoch die rechtlich geschützte Sphäre des Einzelnen berücksichtigen.

§ 7 Die Verantwortlichkeit für den Zustand von Sachen

I. Grundlagen der Zustandshaftung

Eine Störung der öffentlichen Sicherheit oder Ordnung kann außer durch ein Verhalten von Personen auch durch den polizeiwidrigen Zustand von Sachen[28] hervorgerufen werden. Gemäß § 20 pr. PVG[29] ist für

---

[26] So spricht z. B. das OVG Münster (VerwRspr. 5 Nr. 95) von einer „Kausalität hinsichtlich der Entstehung der Polizeipflichtigkeit".

[27] *Böckenförde* (JuS 1966, S. 367 A. 10), desgl. *Schnur* (a.a.O., S. 4 ff.) gehen davon aus, daß Grundrechtsausübung und öffentliche Sicherheit und Ordnung stets übereinstimmen. Diese „Harmonieprämisse" gilt nicht ausnahmslos. Gerade die Fälle der Nichtübereinstimmung sind für die Abgrenzung und Relativierung der Polizeipflicht im Verhältnis zu entgegenstehenden Rechten von Bedeutung. Vgl. den sog. „Kreuzungsfall", OVG Lüneburg, AS 17, 447 ff. oder Pr.OVGE 61, 280: „Wer lediglich ein ihm zustehendes Recht innerhalb der rechtlichen Grenzen ausübt, trägt polizeirechtlich keine Verantwortung. ... Nicht jeder Urheber eines polizeiwidrigen Zustandes darf zu dessen Beseitigung angehalten werden."

[28] Der Begriff Sache i. S. d. § 20 prPVG geht über die Legaldefinition des § 90 BGB hinaus: er umfaßt neben den beweglichen und unbeweglichen Sachen alle Gegenstände, von denen eine Gefahr oder Störung ausgehen kann, z. B. auch Sachinbegriffe und Sachgesamtheiten (vgl. „Schiffswrack-Fall", Pr.OVGE 34, 432).

[29] Landesrechtliche Vorschriften vgl. oben § 1.

den polizeimäßigen Zustand einer Sache der Eigentümer und neben dem Eigentümer der Gewalthaber verantwortlich. Haftungsbegründend ist hier nicht etwa ein zu dem polizeiwidrigen Zustand der Sache führendes Verhalten des Eigentümers oder eines Dritten[30], sondern ausschließlich die tatsächliche Sachherrschaft. Bei der Zustandshaftung kommt es auf eine Verursachung ebensowenig an wie auf ein Verschulden. Voraussetzung der Verantwortlichkeit ist die Verfügungsmacht, d. h. die rechtliche und tatsächliche[31] Möglichkeit, auf die gefahrbringende Sache einzuwirken[32]. Der Rechtsgrund für die Verantwortlichkeit des Eigentümers bzw. Gewalthabers liegt in der Sozialbindung des Eigentums, welches auch die Verpflichtung einschließt, daß jeder die seiner Gewalt unterstehenden Sachen in einem Zustand zu halten hat, der die Allgemeinheit nicht gefährdet[33]. Auch im Polizeirecht ist die Eigentumsbindung Ausdruck einer allgemeinen, jeder Grundrechtsausübung anhaftenden Pflichtbindung, die sich im Recht der öffentlichen Sicherheit und Ordnung als Polizeipflicht konkretisiert[34]. Die Polizeipflicht im Bereich der Zustandshaftung ist eine Konkretisierung der Eigentumsfreiheit und Eigentumsgarantie, die einer solchen Konkretisierung bedarf, um praktikabel und justiziabel zu werden[35].

Daraus folgt, daß die Verantwortlichkeit des Eigentümers und (oder) des Gewalthabers für den polizeimäßigen Zustand einer Sache nicht weiter reichen kann als die soziale Bindung, die dem Eigentum durch Art. 14 Abs. 2 GG auferlegt ist[36].

Freilich ist mit dieser Feststellung von Bindung und Abhängigkeit der Verwaltung, insbesondere auf dem Gebiet der polizeilichen Tätigkeit, noch nicht viel gewonnen. Denn die grundsätzliche Rechtfertigung der Eigentumsbindung, die Notwendigkeit der Beeinträchtigung des Eigentums zum Schutze von Rechtsgütern der öffentlichen Sicherheit und Ordnung, legitimiert nicht zum Eingriff im Einzelfall, sondern

---

[30] Pr.OVGE 7, 348; 65, 375; BVerwG Urt. v. 19. 5. 1954, MDR 1954, S. 527 mit weiteren Nachweisen.

[31] Der Begriff „dinglich Verfügungsberechtigter" (vgl. *König*, S. 335) ist zu eng. So haftet z. B. auch der Dieb für den polizeimäßigen Zustand der in seiner Gewalt befindlichen Sachen.

[32] Auf Grund dinglichen (z. B. *Nießbrauch*, VG Karlsruhe, DVBl. 1956, S. 839) oder persönlichen Rechts (Miete, Pacht; Bay. VGH, Bay. VBl. 1960, S. 254, 255).

[33] Pr.OVGE 7, 348 (351), Urt. v. 10. 11. 1880; Pr.OVGE 8, 327 (330), Urt. v. 6. 12. 1881; *O. Mayer*, VerwR I, S. 207: „Es gehört von vornherein nicht zur Freiheit des Einzelnen, daß er auch die gute Ordnung des Gemeinwesens, in das er hineingestellt ist, durch sein Verhalten stören dürfe; jeder hat vielmehr die gesellschaftliche Pflicht, solche Störungen zu unterlassen."

[34] Zum Verhältnis Verfassungsrecht/Polizeirecht vgl. *Drews/Wacke*, S. 495; *Werner*, DVBl. 1957, S. 806 ff.

[35] *Bettermann*, Grenzen der Grundrechte, S. 7, 15 ff.

[36] *Friauf*, Polizei- und Ordnungsrecht, S. 176; *Ule/Rasch*, § 20 prPVG Anm. 3.

bezeichnet nur eine der notwendigen Voraussetzungen, die einen Eingriff erst ermöglichen[37].

II. Zustandshaftung und Verursachung

Bei der Zustandshaftung knüpfen die Polizeigesetze die Verantwortlichkeit im Gegensatz zur Verhaltenshaftung nicht an eine Verursachung, sondern an die tatsächliche Verfügungsmacht über eine in polizeiwidrigem Zustand befindliche Sache. Es ist also für die Zustandspflichtigkeit unerheblich, ob der Gewalthaber selbst, ein Dritter oder ein zufälliges Naturereignis den störenden bzw. gefährdenden Zustand bewirkt hat. So wird denn auch überwiegend anerkannt, daß es nicht darauf ankomme, wie die Gefahr entstanden sei; entscheidend sei allein die Tatsache, daß eine Gefahr oder Störung vorliege[38]. Da jedoch das Gesetz bei der Zustands- ebenso wie bei der Verhaltenspflichtigkeit einen Gefahrentatbestand und einen die Gefahr bedingenden Zustand voraussetzt, gelangt man beinahe zwangsläufig dazu, die Zustandshaftung nach denselben Merkmalen einzugrenzen, die für die Handlungshaftung entwickelt worden sind[39].

So gelten nach Drews/Wacke die im Bereich der Verhaltenshaftung zur Konkretisierung des Verursachungsbegriffs entwickelten Kriterien auch für die Zustandshaftung. Danach darf die Polizei als Verantwortlichen für den Zustand von Sachen nur denjenigen in Anspruch nehmen, „aus dessen Handeln die polizeiliche Gefahr unmittelbar entsteht, ... dessen Sache selbst *unmittelbar* die Gefahrenquelle bildet"[40]. Das scheint im Widerspruch zu stehen mit der Feststellung[41], daß es auf eine Verursachung nicht ankomme. Die Formulierung von der unmittelbaren Verursachung eines Zustandes wird man jedoch dahin interpretieren müssen, daß hier nicht die Unmittelbarkeit eines Verhaltens in Frage steht; immerhin muß jedoch ein Zusammenhang zwischen der Sache und der konkreten Störung derart bestehen, daß diese von dem polizeiwidrigen Zustand der Sache ausgeht[42]. Das schließt freilich nicht

---

[37] *Böckenförde*, Gesetz und gesetzgebende Gewalt, S. 326 ff.

[38] Pr.OVGE 7, 348; Pr.OVGE 17, 188; OVG Münster OVGE 5, 185 (188); *Drews/Wacke*, Polizeirecht, S. 233; anders die mehr behauptete als begründete Auffassung von *Götz* (allg. Polizei- und Ordnungsrecht, S. 78), auch die Zustandshaftung sei — ebenso wie die Verantwortlichkeit des Handlungsstörers — Verursachungshaftung.

[39] *Salzwedel*, S. 1234: „Die Verantwortlichkeit des Eigentümers oder Gewalthebers unterliegt ... den gleichen Einschränkungen, die für die Verhaltenshaftung aufgestellt worden sind".

[40] *Drews/Wacke*, S. 241.

[41] *Drews/Wacke*, S. 233.

[42] *König* (Allg. Sicherheits- und Polizeirecht in Bayern, S. 334): „Die Gefahr oder Störung muß unmittelbar durch den Zustand der Sache verursacht sein." *Samper*, Art. 10 PAG Anm. 6: „Es genügt, daß der Zustand der Sache für die

aus, daß sich der Zustand der Sache selbst bereits als Gefahr oder Störung darstellen kann[43].

Abgesehen von dem Merkmal der Verursachung sind die Grenzen zwischen Verhaltens- und Zustandspflichtigkeit fließend. Die meisten Fälle der Zustandshaftung lassen sich auch als solche der Verhaltenshaftung darstellen[44]; nicht selten liegen die Voraussetzungen der §§ 19, 20 PVG gleichzeitig vor[45]. Die gleichwohl zu beachtende Trennung ergibt sich aus den unterschiedlichen gesetzlichen Grundlagen[46].

Die Vorschriften der §§ 19, 20 PVG enthalten Legaldefinitionen zum Oberbegriff der polizeirechtlichen Verantwortlichkeit. Dem entspricht die Gleichartigkeit der rechtlichen Problematik, soweit es um eine Abgrenzung dieser Verantwortlichkeit geht. In den Fällen der Zustands- wie auch der Verhaltenspflichtigkeit stellt sich dieselbe Frage, nämlich die rechtliche Wertung und Beurteilung mehrerer, eine konkrete Gefahr oder Störung bewirkender Bedingungen, im Hinblick auf die polizeirechtliche Verantwortlichkeit und Inanspruchnahme als Störer.

Die Verantwortlichkeit des Zustandsstörers wird in den Polizeigesetzen nicht mit einer Verursachung definiert. Wenn gleichwohl auch in den Fällen der Zustandshaftung die Verursachungskriterien angewandt werden, so zeigt auch diese Tatsache die bereits festgestellte Überbewertung des nur im Rahmen der Verhaltenshaftung des § 19 PVG genannten unbestimmten Gesetzesbegriffs der Verursachung.

Gefahr oder Störung ursächlich ist." OVG Lüneburg, Urt. v. 27. 11. 1958 (DÖV 1960, S. 140): „Die rechtlich erhebliche Ursache für die aufgetretenen polizeilichen Gefahren ist allein im Zustand der Straßen zu sehen."

[43] Der baufällige Zustand einer Giebelwand (Hess. VGH = MDR 1970, 791 ff.) verursacht nicht erst eine Gefahr für die öffentliche Sicherheit — die Gefahr ist dem Zustand bereits immanent.

[44] z. B. der Weiterbetrieb eines den Sicherheitsvorschriften nicht entsprechenden Gewerbebetriebes; die Lieferung verseuchten Trinkwassers durch ein Wasserwerk.

[45] z. B. das Betreten einsturzgefährdeter Ruinen. — Vgl. hierzu OVG Münster, Urt. v. 24. 3. 1971 = DVBl. 1971 S. 828: „Es liegt im Rahmen des pflichtgemäßen Ermessens der Ordnungsbehörde, zwecks Erfülung ihrer Aufgaben der Gefahrenabwehr statt des sog. Handlungsstörers den Eigentümer eines Grundstücks auf Grund seiner Zustandshaftung als ordnungspflichtig heranzuziehen."

[46] *Holtzmann*, Grenzen der Handlungshaftung im Polizeirecht (DVBl. 1965, S. 902 f): „Handlungshaftung und Zustandshaftung müssen scharf voneinander getrennt bleiben." Seine Behauptung, es gebe keinen Tatbestand des Polizeirechts, der den Bürger verpflichte, den polizeiwidrigen Zustand des Eigentums eines anderen zu beseitigen, weil er ihn durch ein Verhalten verursacht habe, ist allerdings unrichtig. Es ist einhellige Meinung, daß Verhaltens- und Zustandspflichtigkeit nebeneinander vorliegen können.

C. Kriterien zur Begrenzung
der polizeirechtlichen Verantwortlichkeit

(Verursachungstheorien)

Wie bereits dargelegt, geht es bei der Polizeipflichtigkeit nicht allein um ein Grund-Folge-Verhältnis von Ursache und Wirkung, sondern vielmehr um die Rechtsfrage, unter welchen Voraussetzungen ein bestimmtes Verhalten bzw. der Zustand einer Sache die polizeirechtliche Verantwortlichkeit begründet, d. h. wann diese Merkmale als hinreichender Zurechnungsgrund für die Pflichtigkeit des Störers anzusehen sind[1]. Dabei ist der Verursachungsbegriff insoweit von zentraler Bedeutung, als er die Verhaltenspflichtigkeit gesetzlich definiert, aber auch im Rahmen der Zustandspflichtigkeit als Kriterium bei der Bestimmung des Störers Anwendung findet[2].

Die rechtliche Erörterung der Verantwortlichkeit im Polizeirecht muß wegen der durch das Verursachungsprinzip vorgegebenen Gleichwertigkeit aller Bedingungen zunächst von der Bedingungstheorie ausgehen[3]. Danach ist Ursache jede Bedingung, die nicht hinweggedacht werden kann, ohne daß der Erfolg entfiele. Da es bei der Verantwortlichkeit im Polizeirecht an dem im Zivil- und Strafrecht geltenden Korrektiv des Verschuldens fehlt, ergibt sich aus der Äquivalenztheorie mit ihrem denknotwendigen „regressus ad infinitum"[4] die Notwendigkeit, eine uferlose Ausweitung der Haftung in anderer Weise zu verhindern.

Die Problematik der polizeirechtlichen Verantwortlichkeit im Spannungsfeld zwischen dem Schutzgut der öffentlichen Sicherheit und Ordnung einerseits sowie der Rechtssphäre des Bürgers andererseits stellt sich im wesentlichen bei folgenden Fallgruppen:

1. Die Gefahr bzw. Störung wird verursacht durch mehrere nacheinander wirkende Umstände, von denen der zeitlich frühere den nach-

---

[1] Zum Unterschied zwischen Kausalität und rechtlicher Bewertung vgl. BGHZ 3, 261; BVerwGE 12, 312 f.

[2] Vgl. oben § 7 II.

[3] *Wacke*, Begriff der Verursachung, DÖV 1960, S. 93 (94); *Kraemer*, Kausalität im öffentl. Recht, NJW 1965, S. 1861; *Vogel*, Verursachungsbegriff, JuS 1961, S. 92 Anm. 9.

[4] *Engisch*, Die Kausalität als Merkmal der strafrechtlichen Tatbestände, S. 47.

folgenden bedingt (meistens Fälle der Verhaltenspflichtigkeit gem.
§ 19 PVG);

2. Die Gefahr bzw. Störung entsteht infolge Zusammentreffens mehrerer gleichzeitig und unabhängig voneinander wirkender Bedingungen (meistens Fälle der Zustandspflichtigkeit gem. § 20 PVG).

Im folgenden sollen die in Rechtsprechung und Lehre vertretenen
Lösungen dargestellt und die zur Konkretisierung des Verursachungsbegriffs entwickelten Theorien und Kriterien beurteilt werden. Dabei
geht es indes nicht etwa abstrakt um ein Problem der Verantwortlichkeit schlechthin, sondern um die Ermittlung und rechtliche Fundierung
ihrer Grenzen.

§ 8 Die Verantwortlichkeit für den „Lebenskreis"

Bezeichnend für die ältere Lehre ist, daß sie die Eingriffsbefugnisse
der Polizei weniger aus einer gesetzlichen Umschreibung ihrer Funktion ableitet, wie sie etwa § 10 II 17 ALR enthält; für sie ergibt sich die
Legitimierung notwendiger Eingriffe der Staatsgewalt aus ihrer „naturrechtlichen Grundlage"[5].

Nach Otto Mayer kann die Polizei gegen denjenigen vorgehen, „von
dem die abzuwehrende Störung der guten Ordnung des Gemeinwesens
ausgeht, dessen Lebenskreise sie entspringt"[6]. Diese noch sehr allgemeine und vage formulierte Definition wird indes näher erläutert durch
seine Unterscheidung der damals noch nicht gesetzlich fixierten Verantwortlichkeit des Verursachers und des Gewalthabers: „nicht bloß sein
persönliches Verhalten wird ihm dafür zugerechnet, sondern auch der
gefährliche Zustand seiner Einrichtungen"[7].

Hier wird die Notwendigkeit für ein geordnetes Zusammenleben in
der Gesellschaft der Autonomie des Individuums gegenübergestellt und
zur Grundlage einer vorgegebenen „natürlichen Untertanenpflicht" gemacht[8]. Ähnliche, die Verantwortlichkeit des Einzelnen gegenüber der
Gesellschaft hervorhebende Formulierungen finden sich bei Jerusalem,
Knauth-Wagener und Franz Mayer. Nach Jerusalem[9] darf sich die Poli-

---

[5] *Otto Mayer*, Verwaltungsrecht, Bd. I, S. 257: „Die naturrechtliche Grundlage gibt Maß und Richtung für das, ... was auch ohne besondere Ordnung
zulässig ist."

[6] *Otto Mayer*, S. 221.

[7] Ebd., S. 221.

[8] *Otto Mayer*, S. 212: „Das ist das Besondere an unserm Gegenstande, daß
hier die Machtbefugnisse der öffentlichen Gewalt unmittelbar sich bestimmen aus einem allgemeinen Gedanken heraus, aus der vorausgesetzten allgemeinen Untertanenpflicht."

[9] *Jerusalem*, Grundriß des Verwaltungsrechts, S. 59.

zei nur an den Störer der „sozialen Lebensordnung" wenden. In Anlehnung an Otto Mayer bezeichnen Knauth/Wagener als polizeilich verantwortlich ebenfalls denjenigen, „dessen Lebenskreis die Störung entspringt"[10]. Franz Mayer definiert als Störer den, der in seinem persönlichen Herrschaftsbereich seiner Verantwortung für die Aufrechterhaltung der öffentlichen Sicherheit und Ordnung nicht nachkommt[11]. Auch in neuerer Zeit finden sich Ansätze der Lehre Otto Mayers von der sozialen Verantwortlichkeit als Rechtsgrundlage polizeilicher Maßnahmen[12].

Gemeinsam ist diesen Formulierungen eine für die Bedürfnisse des Polizeirechts zu allgemeine und unbestimmte Umschreibung der Verursachung als Voraussetzung der Pflichtigkeit. „Lebenskreis, soziale Lebensordnung" sind keine rechtlich faßbaren Begriffe[13]; sie bedürfen ebenso wie der Verursachungsbegriff einer Konkretisierung, um für das Polizeirecht praktikabel zu sein. Wegen ihrer fließenden Grenzen sind sie als Kriterium der rechtlich relevanten Erfolgsbedingungen wenig geeignet. Gerade in den problematischen Fällen, bei denen sich eine Vielzahl erfolgswirksamer Bedingungen zu einer Störung entwickelt[14], läßt sich der Erfolgsbeitrag jedes einzelnen als zu seinem Lebenskreis gehörig werten. Damit aber befindet man sich wieder in der Nähe der Bedingungstheorie.

Die ungerechtfertigte Ausdehnung der polizeirechtlichen Verantwortlichkeit bei einer Ableitung des haftungsbegründenden Umstandes aus dem Lebens- und Handlungskreis des Bürgers läßt sich an folgendem, vom OVG Lüneburg[15] entschiedenen Fall verdeutlichen:

> Eine vor Jahrzehnten ordnungsgemäß errichtete Tankstelle liegt an einer stark befahrenen Bundesstraße. Infolge der Zunahme des Kraftfahrzeugverkehrs sowie der rechtwinkelig zur Fahrbahn angelegten Zu- und Abfahrt kommt es des öfteren zu Behinderungen des Straßenverkehrs.

Das OVG Lüneburg hat die Verhaltensstörer-Eigenschaft des Tankstellen-Inhabers unter Hinweis auf die Verantwortlichkeit des Trägers

---

[10] *Knauth/Wagener*, Landesverwaltungsordnung für Thüringen v. 10. 6. 1926, Anm. 2 a zu § 33.

[11] *Franz Mayer*, Die Eigenständigkeit des bayerischen Verwaltungsrechts, S. 240.

[12] So z. B. die Lehre *Werner Hursts* von der sog. Sozialadäquanz (AöR Bd. 83, 1958, S. 43 ff.); *Hans Schneider* betont in einer Anmerkung zu einem Urteil des Bad. VGH (JZ 1953, S. 241), daß es bei der umstrittenen Frage der Zustandshaftung bei Ruinengrundstücken nicht auf die dingliche Rechtslage ankomme, sondern auf den Lebenskreis, den sozialen Herrschaftsbereich.

[13] *Scholz-Forni*, VerwArch Bd. 30, S. 17 ff.; *Bock*, Kausalität, S. 18.

[14] z. B. die sog. Schaufenster- oder Reklamefälle, vgl. etwa Pr.OVG 40, 216; 85, 270.

[15] OVG Lüneburg, Urt. v. 27. 11. 1958, OVGE 14, 397 in Anlehnung an die Rechtsprechung des Pr.OVG, Pr.OVGE 105, 265; 106, 37 ff.

der Straßenbaulast verneint. Dieser könne die Übersichtlichkeit der Straße notfalls im Wege einer Enteignung der Anlage herstellen lassen.

Hier liegt die Ursache für die Verkehrsgefährdung sowohl in der den heutigen Verhältnissen nicht mehr entsprechenden Zufahrt zur Tankstelle — also im persönlichen Herrschaftsbereich des Tankstelleninhabers — als auch in der Unübersichtlichkeit der Straßenverhältnisse und der stetigen Zunahme des Kraftfahrzeugverkehrs. Eine Verfügung an den Tankstelleninhaber zur Änderung seiner Anlage würde die Schwierigkeit nicht ausreichender Straßenverhältnisse auf denjenigen abwälzen, dem es zwar möglich wäre, durch ein in seinem Machtbereich liegendes Tätigwerden die Gefahr zu beseitigen, in dessen Sphäre die eigentliche Gefahrenquelle jedoch nicht begründet ist.

Mit Ausnahme der Definition von Jerusalem, die an die noch zu erörternde Lehre von der Sozialadäquanz erinnert, haben die unbestimmten Lehrmeinungen[16] keinen Anklang gefunden. Die auf Otto Mayer zurückgehenden Kriterien aber deshalb als für das Polizeirecht wertlos abzulehnen[17], heißt allerdings, ihre grundlegende Bedeutung zu verkennen, die in der wenig später erfolgten gesetzlichen Definition der polizeirechtlichen Verantwortlichkeit in Verhaltens- und Zustandshaftung zum Ausdruck gekommen ist.

§ 9 Die „individualisierenden Theorien"

Unter der Bezeichnung „individualisierende Kausalitätstheorien"[18] werden im Schrifttum diejenigen Haftungskriterien verstanden, die im Gegensatz zu den generalisierenden Theorien (Adäquanz, Unmittelbarkeit) auf eine Abwägung aller Einzelursachen abstellen, indem sie die Haftung von dem konkreten Wirkungsanteil der individuellen Handlung im Hinblick auf den eingetretenen Erfolg abhängig machen. Die Conditio-sine-qua-non-Formel wird eingeengt, indem aus der Anzahl der vorliegenden Bedingungen die für den Erfolg wesentlichen bzw. ausschlaggebenden Bedingungen ausgesondert werden. Die Kriterien

---

[16] So die auf *Hoffmann* (Verursacher, S. 22) zurückgehende Bezeichnung im Schrifttum.

[17] *E. Moser*, S. 59: „Ein polizeipraktischer Wert kommt den Definitionen der genannten Autoren nicht zu."

[18] Die Terminologie ist nicht einheitlich. *Wolff* (Verwaltungsrecht I § 36 3 c) wählt auch für das öffentliche Recht die Bezeichnung „Relevanztheorie". Im Anschluß an *Traeger* (Kausalbegriff, S. 79) werden die Kriterien der wesentlichen bzw. ausschlaggebenden Bedingung für den Bereich des Polizeirechts überwiegend als „individualisierende Theorien" bezeichnet, so z. B. *Hoffmann*, S. 22; *Moser*, S. 13. Diese Formulierung geht zurück auf die Frage, welche Bedeutung die Bedingungen im Hinblick auf den individuellen Fall besitzen.

der wesentlichen bzw. ausschlaggebenden Bedingung sowie der Hauptursache sind zunächst für das Zivil- und Strafrecht entwickelt worden, finden aber auch im öffentlichen Recht, vornehmlich im Polizei-[19] und Sozialrecht[20], Anwendung.

I. Die wesentliche Bedingung

Die Lehre von der „wesentlichen Bedingung" wertet als rechtserheblich nur solche Umstände ohne Rücksicht auf ihre (abstrakte) Vorhersehbarkeit, die „wegen ihrer besonderen Beziehung zum Erfolg zu dessen Eintritt in concreto wesentlich mitgewirkt haben"[21]. Die Vertreter dieser Variante der Relevanztheorie sind bestrebt, bei der Ausfüllung des Verursachungsbegriffs die rein kausale Betrachtungsweise durch eine Abwägung der verschiedenen Erfolgsbedingungen im Hinblick auf ihre rechtliche Erheblichkeit zu ersetzen.

So warnt v. Köhler[22] angesichts der „sozialen Funktion" der Polizei vor einer Überspannung des Verursachungsgrundsatzes. Er betont die Notwendigkeit, die polizeirechtliche Verantwortlichkeit streng nach dem Einzelfall zu beurteilen. Sie sei dann zu bejahen, wenn eine Handlung oder Unterlassung in concreto eine wesentliche Bedingung für den Erfolg gesetzt habe. Kraemer[23] vertritt unter Hinweis auf das Erfordernis eines für die verschiedenen Bereiche des öffentlichen Rechts hinreichend elastischen Kausalitätsbegriffs ebenfalls das Haftungskriterium der wesentlichen Bedingung für das gesamte öffentliche Recht. Gleichzeitig bejaht er ausdrücklich die Lehre von der Unmittelbarkeit der Verursachung. Die vom Pr.OVG geforderte unmittelbare Ursache, welche die Gefahrengrenze überschreitet, sei nichts anderes als die wesentliche Ursache, die wegen ihrer besonders engen Beziehung zum Erfolg entscheidend zur Störung beigetragen habe[24]. Kraemer betont, daß jede Ursachenlehre im Polizeirecht streng auf die Bedürfnisse der öffentlichen Sicherheit und Ordnung abgestellt sein müsse, ohne daß es auf die generelle Vorhersehbarkeit des Erfolges ankomme. Für ihn ist Verursachung somit kein kausaler, sondern ein von der Funktion der Gefahrenabwehr her zu bestimmender Zweckbegriff.

---

[19] PrOVGE 89, 238, Urt. v. 2. 6. 1932; vgl. auch *Wolff*, VerwR III § 127 I.

[20] BSGE 1, 76; BSG NJW 60, 1636.

[21] *Wolff* (VerwR I § 36 III c) betont zu recht, daß damit das Problem von der Kausalität zur Haftung verschoben werde.

[22] *v. Köhler*, Grundlehren des deutschen Verwaltungsrechts, S. 340/341.

[23] *Kraemer*, Die Kausalität im öffentlichen Recht, NJW 1965, S. 183 ff.

[24] Kraemer widerspricht sich freilich, wenn er als Kriterium für die „wesentliche Bedingung" einmal das Überschreiten der Gefahrengrenze nennt, die Wesentlichkeit aber gleichzeitig von der „persönlichen Belastung und Belastbarkeit des einzelnen" abhängig macht.

II. Die ausschlaggebende Bedingung

Während Kraemer anknüpfend an die Lehre von der Unmittelbarkeit
den Gedanken der wesentlichen Bedingung in das Polizeirecht übernimmt, stellt v. Müller[25] im Wege einer nachträglichen Prognose —
insoweit der Adäquanztheorie folgend — den Begriff der ausschlaggebenden Bedingung in den Vordergrund. Er greift damit zurück auf
die von Binding[26] entwickelte Definition des Verursachungsbegriffs,
wonach dasjenige menschliche Verhalten als ursächlich gilt, durch das
die den Erfolg (im Polizeirecht: die Störung) bewirkenden Umstände
das Übergewicht über die entgegengesetzten erlangen.

Reiff stellt in seinem Kommentar zum baden-württembergischen
Polizeigesetz[27] ebenfalls ab auf die „ausschlaggebende Bedingung", die
derjenige hervorrufe, der die polizeiliche Gefahrengrenze[28] überschritten habe. Das Kriterium der Gefahrengrenze zeigt, daß die Polizeipflicht nicht allein eine Frage der Verursachung, daß sie vielmehr mit
der polizeilichen Gefahr untrennbar verbunden ist. Auch Schulz-
Schaeffer[29] behandelt den Fall, in dem das sich bedingende Verhalten
mehrerer Personen zu einer Gefahr oder Störung führt. Nach ihm kann
die Polizei eine Person als „mittelbaren Störer" in Anspruch nehmen,
wenn sich deren Verhalten als „Hauptursache" der Störung darstellt.
Ein präventives Eingreifen in die Freiheitssphäre des mittelbaren
Störers soll bereits zulässig sein, soweit es dem Grundsatz der Verhältnismäßigkeit von Mittel und Zweck entspricht und zur Sicherung von
Ruhe und Ordnung erforderlich erscheint. Bei der Erörterung mehrerer
Ursachen hinsichtlich ihrer haftungsrechtlichen Erheblichkeit beziehen
sich v. Müller und Schulz-Schaeffer auf zwei bekannte Entscheidungen
des Preuß. OVG, die im Schrifttum vielfach als „Prüfsteine" für die
Richtigkeit der jeweils vertretenen Ansicht zitiert werden, den „Borkumlied-Fall" und den sog. Reklame- oder Schaufensterfall. Der Borkumlied-Fall[30] ist typisch für folgende, nicht selten auftretende Fall-
konstellation: eine für sich betrachtet rechtlich zulässige Handlung
führt zu einer Reaktion mehrerer Personen, die ihrerseits eine Gefahr
oder Störung darstellt. Der Fall spielt in den zwanziger Jahren:

---

[25] *v. Müller*, Der Verursachungsbegriff im Polizeirecht, RuPrVBl. 55 (1934),
S. 334 ff.

[26] *Binding*, Die Normen und ihre Übertretung, Bd. I, S. 116.

[27] *Reiff*, Polizeigesetze für Baden-Württemberg, Erl. II 3 zu § 6.

[28] „pol. Gefahrengrenze" bezeichnet nach *Wacke* (Der Begriff der Verur-
sachung im Polizeirecht, DÖV 1960, S. 93 ff.) den Übergang von der bloßen
Belästigung, die noch keine Abwehrmaßnahmen rechtfertigt, zur konkreten
Gefahr.

[29] *Schulz-Schaeffer*, Wer ist polizeirechtlich mittelbarer Störer? in NJW
1957, S. 1910/11.

[30] Pr.OVGE 80, 176, Urt. v. 14. 5. 1925.

Im Nordseebad Borkum sangen die Kurgäste zu der von der Kurkapelle
gespielten Melodie eines bekannten Marsches das sog. Borkumlied, das in
seiner vierten Strophe Schmähungen gegen die Juden enthielt. Das Singen
des judenfeindlichen Textes löste Störungen der öffentlichen Sicherheit
und Ordnung aus. Die Polizeibehörde untersagte daraufhin in einer Verfügung gegen die Gemeinde das weitere Spielen der Melodie durch die
Kapelle.

Aktueller ist der in verschiedenen Varianten immer wieder auftretende und vielfach erörterte Reklamefall[31]:

Ein Kaufmann betreibt in seinem an einer belebten Straße liegenden
Geschäft eine attraktive Schaufenster-Reklame. Daraufhin bilden sich vor
dem Schaufenster Menschenansammlungen; es kommt zu Verkehrsstörungen.

Im ersten Fall hob das Pr. OVG die Polizeiverfügung, durch welche
der Kurkapelle das weitere Spielen des Marsches untersagt worden
war, wieder auf. Zur Begründung erklärte das Gericht, daß es in Will-
kür ausarten würde, „wenn die Polizei die bekannten und erreichbaren
Urheber der Störung völlig unbehelligt lasse und sich an solche Personen halten wollte, die durch ihr Tun als solches die öffentliche Ordnung nicht stören, deren polizeilich an sich nicht zu beanstandendes
Handeln vielmehr nur Dritten Anlaß gibt, ihrerseits solche Störungen
herbeizuführen. Gegen diese (scil. die das Lied singenden Kurgäste) hat
die Polizei dann vorzugehen"[32].

Im Reklamefall dagegen entschied das Gericht gegen den Ersthandelnden: der ausstellende Kaufmann wurde zum Störer erklärt. Anhaltspunkt für die Verantwortlichkeit des Reklametreibenden sah das
Pr.OVG darin, „daß seine Absicht darauf gerichtet war, durch jene
Figuren die Schaulust anzuregen und das Stehenbleiben des Publikums
vor dem Schaufenster zu veranlassen"[33]. In seiner Begründung bedient
sich das Gericht auch des Kriteriums der wesentlichen Ursache: die Art
der Reklame sei nicht nur ein unwesentlicher äußerer Anlaß, sondern
gerade die wesentliche Ursache der den Verkehr behindernden An-
sammlungen. In einem weiteren Urteil verneint das Pr.OVG die Verantwortlichkeit einer politischen Partei für die anläßlich einer Kundgebung entstandenen Unruhen mit der Begründung, daß der Verbrei-
tung von Plakaten durch die Partei eine *ausschlaggebende* Bedeutung
für die eingetretenen Störungen nicht zukomme[34].

---

[31] Pr.OVGE 40, 216, Urt. v. 28. 10. 1901; vgl. auch *Jellinek*, Gesetz, S. 311
Anm. 37.

[32] So auch Pr.OVGE 80, 176 (190), Urt. v. 25. 4. 1912.

[33] Pr.OVGE 40, 216 (217), Urt. v. 28. 10. 1901.

[34] Pr.OVGE 89, 238, Urt. v. 2. 6. 1932.

Den Gedanken der wesentlichen Erfolgsbedingung stellt das Pr.OVG in einer Reihe weiterer Entscheidungen in den Vordergrund[35]. Gemeinsam ist diesen Entscheidungen eine stärkere Betonung der Erfolgsbezogenheit unterschiedlicher Bedingungen gegenüber der mit dem Begriff des Urhebers verbundenen Kausalvorstellung.

III. Beurteilung

Bei der Suche nach geeigneten Haftungsmaßstäben geht es im wesentlichen um eine Konkretisierung des Verursachungsbegriffs, d. h. es sind aus einer Reihe erfolgswirksamer Bedingungen diejenigen zu bestimmen, die geeignet sind, nach Maßgabe der polizeirechtlichen Haftungsvorschriften die Verantwortlichkeit für ein polizeiwidriges Verhalten oder einen polizeiwidrigen Zustand zu begründen. Dabei kommt dem Gewicht der einzelnen Bedingungen im Hinblick auf den polizeiwidrigen Erfolg eine entscheidende Bedeutung zu. Der rechtlichen Relevanz in dem so verstandenen Sinn tragen die Kriterien der wesentlichen (ausschlaggebenden) Bedingung weitgehend Rechnung. Sie ermöglichen, indem sie auf den Grad der Wirksamkeit zwischen Ursache und Erfolg abstellen, eine über die kausale Beziehung hinausgehende Beurteilung der rechtlichen Erheblichkeit der verschiedenen Bedingungen. Daneben ist in den meisten Fällen bei einem einfach und klar gelagerten Sachverhalt die ausschlaggebende Bedingung unschwer zu erkennen und damit die Gewähr für eine unkomplizierte und schnelle Feststellung des Störers gegeben. Als unzureichend erweist sich die ausschließliche Anwendung der genannten Kriterien jedoch, wo es sich um komplizierte Sachverhalte handelt, insbesondere dann, wenn mehrere Personen als Verursacher einer Gefahr oder Störung in Betracht kommen.

Trotz der engen Verwandschaft der Kriterien der wesentlichen bzw. ausschlaggebenden Bedingung sowie der Hauptursache stimmen ihre Vertreter in der Beurteilung der genannten Entscheidungen nicht überein. Während Kraemer sowohl die Borkumlied-Entscheidung als auch die Inanspruchnahme des Kaufmanns im Reklamefall billigt, bejaht Schulz-Schaeffer neben der polizeirechtlichen Verantwortlichkeit der singenden Kurgäste auch die Störeigenschaft der Kurkapelle. Zu diesem Ergebnis gelangt Schulz-Schaeffer mit Hilfe seiner Konstruktion des „mittelbaren Störers". Folgt man in diesem Fall seiner Lehre von der die Störeigenschaft begründenden Hauptursache, so bleibt es unerklärlich, wieso er gleichzeitig zu einer Inanspruchnahme der Kurgäste und

---

[35] Pr.OVG in PrVBl. 18 (1896/97), S. 316, 317, Entsch. v. 26. 11. 1896: Mitwirkung in wesentlicher Weise; Pr.OVGE 34, 436 (437), Endurteil v. 4. 11. 1899: wesentliche Ursache; Pr.OVGE 54, 329 (331) v. 21. 4. 04: Beteiligung in irgendwie wesentlichem Maße; Pr.OVGE 72, 277 (286), Urt. v. 28. 11. 1916: Beitrag in wesentlichem Maße.

der Kapelle kommt, denn mehr als eine Hauptursache im Hinblick auf
einen konkreten Erfolg ist logisch nicht denkbar. Auf diesen Widerspruch geht Schulz-Schaeffer nicht ein.

Im Reklamefall, der sich im äußeren Handlungsablauf, d. h. in der
Aufeinanderfolge zweier zu einer Störung führenden Verhaltensweisen,
nicht vom Borkum-Fall unterscheidet, kommen alle genannten Autoren
zu demselben Ergebnis wie das Pr.OVG. Sie schließen sich dabei der
Begründung des Gerichts an, das im Reklamefall nicht in erster Linie
auf den äußeren Verlauf der Ereignisse abstellt, sondern mit Hilfe eines
subjektiven Merkmals, nämlich der Absicht des Kaufmanns, dessen Ver-
anwortlichkeit bejahte.

Die Begriffe „wesentlich, ausschlaggebend, Hauptursache" haben wegen der Vielfalt und Vagheit ihrer Bedeutungen als Haftungskriterien
nur einen vergleichsweise geringen Aussagewert. Diese zur Konkretisierung des unbestimmten Gesetzesbegriffs „verursachen" herangezogenen Kriterien sind kaum weniger unbestimmt. Bei einem komplexen
Sachverhalt ist ohne erläuternde Begriffsbestimmungen kaum zu unterscheiden, unter welchen Voraussetzungen eine Bedingung noch als
wesentlich für die Gefahr oder Störung anzusehen ist. So ist in einem
Urteil des OVG Münster vom 19. 12. 1958[36] davon die Rede, eine nur
unwesentliche Bedingung setze derjenige, „der im Rahmen der ihm
zustehenden Befugnis sein Eigentumsrecht in sozialüblichem Maße entsprechend seiner Zwecksetzung ausübt". In anderen Entscheidungen
dient der Hinweis auf die wesentliche Bedingung nur der Bekräftigung
einer bereits auf Grund anderer Merkmale festgestellten Polizeiwidrigkeit oder zur Kennzeichnung unterschiedlicher Erfolgsbeiträge bei mehreren in Betracht kommenden störenden Verhaltensweisen oder Zuständen.

Unterschiede zwischen mehreren Ursachen liegen nicht selten mehr in
ihrer räumlichen oder zeitlichen Nähe zum Erfolg begründet als in der
Intensität einer Handlung und in ihrem Wirken auf eine weitere Bedingung. Daher ist es kaum möglich, einheitliche Bewertungsmaßstäbe
für die wesentliche bzw. ausschlaggebende Bedingung zu entwickeln,
ohne aus einer vergleichenden Gegenüberstellung der eine Polizeiwidrigkeit herbeiführenden Faktoren in der Weise Schlußfolgerungen
zu ziehen, daß z. B. die Nähe einer Bedingung zum Erfolg, die Stö-
rungsanfälligkeit einer konkreten Situation oder die der öffentlichen
Sicherheit und Ordnung entgegenstehenden Rechte des Bürgers berücksichtigt und gegeneinander abgewogen werden.

Der Begriff „wesentlich" bedarf somit selbst der näheren Bestimmung.
Welches ist etwa die wesentliche oder ausschlaggebende Bedingung,

---

[36] OVG Münster — II A 563/56 — DVBl. 1959, S. 473 ff. (474).

wenn — wie häufig in den Fällen der Zustandshaftung — eine Gefahr oder Störung erst durch das Zusammentreffen mehrerer Umstände entsteht, von denen jeder für sich allein rechtlich irrelevant ist[37]? Schon für die von Binding für das Strafrecht entwickelte Haftungsformel hat Thyrén[38] festgestellt, daß es kein allgemeingültiges Prinzip gebe, wonach die Aussonderung der ausschlaggebenden Bedingung vorgenommen werden könne[39].

Die Lehre von der wesentlichen bzw. ausschlaggebenden Bedingung entspricht den Erfordernissen des Polizeirechts insofern, als diese Kriterien einen Anhaltspunkt für eine an der rechtlichen Relevanz und weniger an Kausalvorstellungen orientierte Aussage zur polizeirechtlichen Verantwortlichkeit bieten. Ihre Schwäche liegt jedoch darin, daß sie infolge der Hervorhebung nur einer Bedingung als Ursache nicht in der Lage ist, beim Vorhandensein unterschiedlich wirksamer Störungsfaktoren das Problem der Mitverursachung befriedigend zu lösen.

Gerade in den Fällen, in denen es infolge des Zusammenwirkens mehrerer Ursachen zu einer Gefahr oder Störung kommt, erscheint es auch rechtspolitisch nicht gerechtfertigt, unter den Personen bzw. Personengruppen, die eine störungswirksame Bedingung gesetzt haben, den einen Polizeipflichtigen in Anspruch zu nehmen, einen anderen hingegen nicht, nur weil sich die ursächliche Erheblichkeit seines Handlungsbeitrages um ein geringes, unter Umständen nur schwer feststellbares Maß unterscheidet. In den umstrittenen Fällen mehrfacher Verursachung ist unter dem Gesichtspunkt einer möglichst wirksamen Gefahrenabwehr eine Auswahlmöglichkeit für die Behörde unerläßlich.

Abgesehen von der begrifflichen Unbestimmtheit würde die ausschließliche Anwendung des Kriteriums der „Hauptursache" bzw. der „wesentlichen Bedingung" zu einer unzulässigen Einschränkung des polizeilichen Auswahlermessens[40] bei mehreren Störern führen.

---

[37] In einem solchen Fall verweist das Preuß.OVG auf das Ermessen der Polizeibehörden, Pr.OVGE 23, 410 (417): „Denn einmal hat bei zwei Handlungen, von denen keine für sich allein, sondern deren Zusammentreffen erst einen polizeirechtlich unzulässigen Zustand verursacht, die Polizei in der Regel die Wahl, gegen welche von jenen beiden Handlungen sie einschreiten will ...", vgl. ferner Pr.OVGE 38,371 und Pr.OVGE 54,273.

[38] *Thyrén*, Johan Carl, Bemerkungen zu den kriminalistischen Kausalitätstheorien, S. 69, 91.

[39] Zu weitgehend dürfte allerdings die von *Traeger* (Kausalbegriff, S. 81) behauptete Gleichstellung dieser Lehre mit der Bedingungstheorie sein. Er bemerkt zu Bindings Theorie von der ausschlaggebenden Bedingung, daß sie sich infolge des Fehlens von Anhaltspunkten für die weitere Unterscheidung der einzelnen Teilursachen völlig mit der Bedingungstheorie decke, deren Unzulänglichkeit für das Polizeirecht feststehe.

[40] Zur Auswahl unter mehreren Polizeipflichtigen vgl. *Drews/Wacke*, S. 229, 244 ff. sowie OVG Münster, Urt. v. 24. 3. 1971 = DVBl. 1971, 828 f.

§ 10 Die unmittelbare Verursachung

I. Unmittelbarkeit als polizeirechtlicher Verursachungsbegriff

Die Lehre von der Unmittelbarkeit der Gefahren- und Störungsverursachung ist — anders als die übrigen Verursachungstheorien — eine spezifisch polizeirechtliche Schöpfung. Ihre Ursprünge gehen zurück auf die Rechtsprechung des Preußischen Oberverwaltungsgerichts zur Polizeipflicht. Der Bewertungsmaßstab ist gegenüber den individualisierenden Kriterien („wesentliche, ausschlaggebende Bedingung") enger gefaßt: Während hier nur diejenigen Ursachen als rechtserheblich angesehen werden, die „wegen ihrer besonderen Beziehung zum Erfolg" zu dessen Eintritt wesentlich mitgewirkt haben, ist die besondere Erfolgsbezogenheit bei der Unmittelbarkeitslehre in der zeitlichen und räumlichen Nähe zum polizeiwidrigen Erfolg zu sehen.

Die Notwendigkeit einer engen Verknüpfung zwischen Handeln und Gefahr bzw. Schaden findet in verschiedenen gesetzlichen Vorschriften ihre Bestätigung. So ist gemäß § 23 rheinl.-pfälz. PVG „derjenige verantwortlich, der die Störung oder Gefahr *unmittelbar* verursacht hat". Die Verwendung der Begriffe „unmittelbare Gefahr"[41] bzw. „unmittelbar bevorstehende Gefahr"[42] im Gesetzestext macht deutlich, worauf es bei Maßnahmen der Polizei- und Ordnungsbehörden wesentlich ankommt, nämlich auf die Intensität der Gefahr und die Nähe des drohenden Schadens.

Demgegenüber führt die aus der Forderung nach einer unmittelbaren Störungsverursachung folgende Festlegung auf die letzte Ursache nicht selten zu schematisierten und damit nicht sachgerechten Ergebnissen. Daher zeigt sich gerade in den Fällen der Zustandspflichtigkeit, daß die Entscheidung oft auf einer Modifizierung des Unmittelbarkeitsbegriffs beruht, die einer normativ-wertenden Interpretation näher kommt als der eigentlichen Wortbedeutung.

1. Die Rechtsprechung

Die zum Verursachungsproblem ergangenen Entscheidungen behandeln zumeist Fälle, in denen mehrere einander bedingende Verhaltensweisen zu einer Störung der öffentlichen Sicherheit oder Ordnung führen. Von Ausnahmen abgesehen wird dabei die Verantwortlichkeit des Letzthandelnden bejaht, ohne daß das Erfordernis der Unmittelbarkeit stets expressis verbis erwähnt wird.

Der Grundsatz, daß als Störer nur derjenige in Anspruch zu nehmen ist, der den polizeiwidrigen Erfolg unmittelbar bewirkt, kommt

---

[41] Art. 32 Abs. 1 bay. PAG.
[42] Art. 12 Abs. 1 bay. PAG.

erstmals in einem Urteil des Pr.OVG vom 18. 12. 1896[43] zum Ausdruck
hier allerdings noch mit einer auf die Rechtmäßigkeit des Verhaltens
abstellenden Begründung. Das Gericht hatte sich mit der anläßlich einer
Veranstaltung der Heilsarmee entstandenen Demonstration zu befassen.
In der Begründung heißt es, eine Veranstaltung dürfe nicht deshalb
verboten werden, weil sie Anlaß zu Verkehrs- oder Ruhestörungen
gebe, „andernfalls müßten zahlreiche, an sich vollkommen zulässige
Handlungen aus dem Grunde untersagt werden, weil sie die Neugierde
und Schaulust und deshalb eine Ansammlung des Publikums zu erregen
pflegen und weil der rohere Teil des letzteren Anlaß nehmen kann,
seine Skandalsucht zu befriedigen".

In späteren Entscheidungen geht das Pr.OVG apodiktisch von der Allgemeingültigkeit des Unmittelbarkeitsprinzips aus. Im „Demonstrantenfall" vom 18. 1. 1923[44], bei dem es um die Polizeipflichtigkeit bei Auseinandersetzungen anläßlich einer Parteiveranstaltung ging, wird das Verbot der Polizei, bei einer politischen Kundgebung schwarz-weiß-rote
Fahnen mitzuführen, aufgehoben, weil damit die öffentliche Sicherheit
und Ordnung noch nicht gefährdet sei. In der Begründung läßt das Gericht die Frage offen, „ob mit Rücksicht auf die besondere Lage des
Einzelfalles die Polizei ausnahmsweise nicht gegen die unmittelbaren
Störer" einzuschreiten berechtigt sei.

In einer weiteren Entscheidung vom 25. 11. 1937[45] spricht sich das
Pr.OVG für die Inanspruchnahme des Letzthandelnden auch für den
Fall aus , daß die zu bekämpfenden Gefahren durch ein Verhalten ausgelöst wurden, welches sich selbst bereits als polizeiwidrig darstellt (hier
auf dem Gebiet der Gesundheitspolizei). Der Leitsatz des Urteils lautet:
„Der Grundsatz, daß Störer der öffentlichen Sicherheit oder Ordnung
nur derjenige ist, der diese unmittelbar gefährdet, gilt auch in dem
Falle, in dem ein an sich polizeiwidriges Verhalten von Dritten zum
Anlaß genommen wird, ihrerseits die öffentliche Sicherheit oder Ordnung zu stören. Zur Anwendung der hieraus entstehenden Gefahren
kann sich die Polizei gemäß § 19 PVG nur an letztere halten." Die in
der Begründung aufgestellte Behauptung, nach der ständigen Rechtsprechung des Gerichtshofes sei nur derjenige Störer der öffentlichen
Sicherheit oder Ordnung, der diese unmittelbar gefährde, geht freilich
zu weit[46].

---

[43] Pr.OVGE 31, 409, 411; ähnliche Entscheidungen vgl. pr.VBl. 36, 842, Urt.
v. 6. 3. 1913; Pr.OVGE 50, 370 (373), Urt. v. 14. 3. 1907.
[44] Pr.OVGE 78, 261 (266).
[45] Pr.OVGE 103, 139 (141).
[46] Die Auswertung der Rechtsprechung des Pr.OVG ergibt nicht nur Ausnahmen vom Grundsatz der Unmittelbarkeit (z. B. Bd. 40, 216; 85, 270); nicht
selten ist die Polizeipflicht auch mit anderen Kriterien begründet worden.

Auch das bereits zitierte Borkumlied-Urteil[47] ist eine Entscheidung im Sinne des Unmittelbarkeitsprinzips. Nach Ansicht des Pr.OVG sind nur die Kurgäste polizeipflichtig, die es an sich zu Recht als Störer der öffentlichen Ordnung bezeichnet. Das Gericht übersieht jedoch, daß auch die Kurkapelle verantwortlich ist, insofern sie trotz der wiederholt eingetretenen Störungen aus Reklamegründen (es lag ein ausdrücklicher Beschluß des Gemeinderates vor) die Melodie weiterspielte und damit eine Gefahr für die öffentliche Ordnung verursachte[48].

Der vom Pr.OVG begründeten Lehre von der unmittelbaren Verursachung haben sich andere Gerichte angeschlossen; im Gegensatz zum Schrifttum wird sie in der Praxis allgemein angewandt.

Ausdrücklich auf die Unmittelbarkeit der Gefährdung beruft sich das OVG Münster im sog. „Ruinenfall" vom 31. 1. 1952[49], bei dem es um die Verantwortlichkeit für ein infolge Kriegseinwirkung einsturzgefährdetes Gebäude ging. In einem Beschluß vom 12. 3. 1953 hebt der württ.-bad. VGH[50] das von der Polizeibehörde verfügte Verbot einer Versammlung der sog. Deutsch-sowjetischen Gesellschaft auf mit der Begründung, als Verantwortliche seien nur diejenigen in Anspruch zu nehmen, die den ordnungsgemäßen Verlauf der Veranstaltung selbst zu stören beabsichtigen.

In einem neueren Urteil vom 12. 12. 1969[51] hat der Hessische VGH die Polizeipflicht eines Hauseigentümers für den durch den Abbruch seines Hauses am Nachbargebäude entstandenen polizeiwidrigen Zustand (Fehlen der gemeinsamen Giebelwand) verneint. Das Gericht gelangt zu dieser Entscheidung[52], indem es unter Berufung auf die Unmittelbarkeitstheorie vom Ergebnis her argumentiert: „Da er selbst nicht polizeiwidrig gehandelt hat, ist sein Verhalten nach der im Polizeirecht anzuwendenden Theorie der unmittelbaren Verursachung nicht als für den Zustand des Nachbarhauses ursächlich anzusehen". Das die Verantwort-

---

[47] Vgl. oben § 9 II sowie Pr.OVGE 80, 176 ff., vgl. die hiermit im Ergebnis übereinstimmenden Ausführungen *Schulz-Schaeffers* zum Borkumlied-Fall, NJW 1957, S. 1911; desgl. *Bergmann*, S. 209, jedoch mit anderer Begründung (Mißbrauch von Grundrechten).

[48] Abgelehnt wird das Borkumlied-Urteil von *Ule/Rasch*, S. 11; *Götz*, S. 82.

[49] OVGE 5,185 = Verw.Rspr. 4,631.

[50] ESVGH 3, 154 ff. Ein weiterer Demonstrationsfall wurde entschieden vom OVG Münster in einem nicht veröffentlichten Beschluß vom 26. 3. 1957 (Az. VII B 227/54).

[51] MDR 1970, S. 791/792.

[52] Der Bad. VGH (Jz 1953, S. 238) lehnte in einem ähnlichen Fall die Polizeipflichtigkeit des Ruineneigentümers mit der Begründung ab, die Vorschriften über die polizeirechtliche Verantwortlichkeit seien nur auf die „Normalsituation" anwendbar, nicht auf Störungen, die durch Kriegseinwirkung bedingt seien. Diese Ansicht wurde jedoch einhellig abgelehnt; vgl. OVG Münster 5, 185, Urt. v. 31. 1. 1952, Bescheid v. 8. 3. 1955 MDR 1955, 762; BGH v. 5. 3. 1953 DVBl. 1953, 367; *Drews/Wacke*, S. 233; a. M. *Ule/Rasch*, § 20 Anm. 14.

lichkeit begründende Verhalten wird im Gegensatz zum Pr.OVG nicht in
der letzten Bedingung gesehen; unmittelbar sei vielmehr nur ein solches
Verhalten, „das für sich bereits die öffentliche Sicherheit und Ordnung gefährdet". Dies ist keine Argumentation im Sinne der Unmittelbarkeitslehre, sondern eine petitio principii. Denn mit dem Begriff der
Unmittelbarkeit soll ja gerade aus einer Reihe unterschiedlicher Bedingungen bzw. Verhaltensweisen diejenige gefunden werden, die sich als
Gefährdung oder Störung i. S. d. Polizei- und Ordnungsrechts darstellt.

Die zitierten Entscheidungen lassen erkennen, daß die Frage nach der
Zurechnung im Polizei- und Ordnungsrecht dort vorwiegend unter dem
kausalen Aspekt einer Reihe von Bedingungen gesehen wird, deren
rechtliche Relevanz sich aus ihrer zeitlichen bzw. räumlichen Nähe zum
Erfolg ergibt. Rechtsfolgebegründend ist danach ein Verhalten bzw. der
Zustand einer Sache grundsätzlich nur dann, wenn dadurch eine Ge-
fahr oder Störung unmittelbar, d. h. ohne Dazwischentreten weiterer
Kausalfaktoren, bewirkt wird.

Dabei wird der Begriff „Unmittelbarkeit" nicht stets positiv im Sinne
der letzten den polizeiwidrigen Erfolg auslösenden Bedingung verstanden, sondern gelegentlich auch — entgegen der eigentlichen Wortbedeutung — negativ unter Zuhilfenahme weiterer Abgrenzungskriterien
definiert. So formuliert z. B. das OVG Münster[53], daß keine unmittelbare Ursache vorliege, wenn die betreffende Person ihr Eigentumsrecht
im sozialüblichen Maße ausübe. Diese Definition zeigt, daß dem Begriff
„unmittelbare Verursachung" gelegentlich eine Interpretation verliehen
wird, die vom Ergebnis her indiziert ist.

2. Das Schrifttum

Hinweise auf das Erfordernis der Unmittelbarkeit finden sich im Anschluß an die Rechtsprechung des Pr.OVG bereits in den ersten Kom-
mentaren zu dem 1932 erlassenen Polizeiverwaltungsgesetz.

So fordern Schäfer/Wichards/Wille für den Fall, daß eine Kette von
Handlungen zu einer polizeilichen Gefahr geführt hat: „Nur der ist Störer der öffentlichen Sicherheit und Ordnung, der sie durch sein Tun oder
Unterlassen unmittelbar gefährdet[54]". Auch Franzen[55] und Friedrichs[56]
schließen sich, wenn auch ohne ausdrückliche Betonung der Unmittelbarkeit, der Rechtsprechung des Pr.OVG an.

---

[53] OVGE 14, 265, 268 = DVBl. 1959, S. 474, Urt. v. 19. 12. 1958. Kennzeichnend für die Rechtsprechung ist, daß sie auf den Theorienstreit zum Verursachungsproblem nicht eingeht.

[54] *Schäfer/Wichards/Wille*, PVG-Kommentar, §§ 18—20 Anm. II 1.

[55] *Franzen*, Erl. zu § 19 PVG.

[56] *Friedrichs*, Erl. zu § 19 PVG.

Im neueren Schrifttum ist die Frage der Zurechnung im Polizeirecht durch eine zunehmende Differenzierung gekennzeichnet. Der Begriff der Unmittelbarkeit wird nicht selten mit Kriterien umschrieben, die selbst bereits eine hinreichende Einschränkung des Verursachungsbegriffs darstellen. Die Unmittelbarkeit dient dabei gelegentlich — vergleichbar der Argumentation in der Rechtsprechung — nur der zusätzlichen Begründung einer bereits auf Grund anderer Erwägungen bejahten Tatbestandserfüllung.

So sind nach Drews/Wacke polizeirechtlich erheblich nur solche Ursachen, die bereits selbst die Grenze zur Gefahr überschritten haben. Nur derjenige könne als Störer in Anspruch genommen werden, dessen Verhalten „schon selbst unmittelbar" die Gefahr gesetzt habe[57]. Ule betont, nach der Unmittelbarkeitstheorie komme nur ein solches Verhalten in Betracht, das bereits selbst eine Polizeiwidrigkeit darstelle[58]. Mit diesem Zirkelschluß ist freilich wenig geholfen, denn das Merkmal der Unmittelbarkeit soll ja gerade erst zur Bestimmung polizeirelevanter Verhaltensweisen bzw. Zustände führen.

Berner ergänzt das Kriterium der Unmittelbarkeit durch Adäquanzerwägungen[59]. Polizeipflichtig ist danach, wer die öffentliche Sicherheit oder Ordnung unmittelbar beeinträchtigt, sofern die eingetretene Wirkung auf Grund allgemeiner Erfahrung vorherzusehen war. Nach Samper entspricht dagegen allein die Unmittelbarkeitstheorie den Erfordernissen des Polizeirechts. Adäquanz und Sozialadäquanz seien ebenso wie die Theorie vom rechtswidrigen Verhalten nur Versuche, rechtliche Vorstellungen und Grundsätze aus nichtpolizeirechtlichen Bereichen in das Polizeirecht hineinzukonstruieren[60].

Darüber hinaus gibt es eine Reihe weiterer Stellungnahmen, welche die Frage nach Verantwortlichkeit und Zurechnung im Polizeirecht gleichfalls u. a. im Sinne der Lehre von der Unmittelbarkeit der Verursachung beantworten[61]. Dabei ist insbesondere in neueren Veröffentlichungen trotz Festhaltens am überkommenen Begriff der Unmittelbarkeit die Tendenz festzustellen, das vereinfachende Denkmodell einer „Kausalitätstheorie" durch eine normativ-wertende Betrachtungsweise

---

[57] *Drews/Wacke*, Polizeirecht, S. 223; desgl. *Wacke*, Der Begriff der Verursachung im Polizeirecht, DÖV 1960, S. 93.

[58] *Ule/Rasch*, § 19 PVG Anm. 8; vgl. auch *Rietdorf/Heise/Böckenförde/Strehlau*, § 17 Anm. 7.

[59] *Berner*, Art. 9 bay. PAG Anm. 2. Desgleichen verstehen *Scheer/Trubel* die Polizeipflicht als „unmittelbar-adäquate Verursachung" einer Störung (§ 19 PVG, Anm. C I 2).

[60] *Samper*, Art. 9 PAG Nr. IV 12.

[61] *Friauf*, Polizei- und Ordnungsrecht, S. 172 ff.; *Rietdorf*, § 16 OBG A. 6; *Senger/Kurzmann*, § 17 OBG A. 5; *Müller-Heidelberg/Claus*, Nieders. SOG § 6 A. 1; *Schleberger*, S. 34/35; *Götz*, S. 78/79; *Vogel*, Verwaltungsrechtsfall, S. 72; ders., JuS 1961, S. 91 (92).

zu ergänzen. So ergibt sich nach Friauf[62] die Unmittelbarkeit einer Bedingung nicht aus einer ontologischen Erkenntnis, sondern allein aus der wertenden Beurteilung des betreffenden Vorganges. Vogel[63] betont, daß es nicht allein auf die zeitliche Reihenfolge der Bedingungen, sondern auf die Wertung und Abwägung der verursachenden Vorgänge ankomme[64].

II. Unmittelbarkeit und Zurechnung

1. Kausale und normative Aspekte

Rechtsprechung und Schrifttum zur Unmittelbarkeit behandeln den das Problem der Polizeipflicht kennzeichnenden Falltypus, wonach mehrere nebeneinander oder nacheinander wirkende Faktoren zu einer Gefahr oder Störung der öffentlichen Sicherheit oder Ordnung führen. Dabei geht es im wesentlichen um zwei Fallgruppen:

a) Ein an sich polizeirechtlich nicht relevantes Verhalten hat Reaktionen oder Zustände zur Folge, die ihrerseits zu einer Gefahr oder Störung führen (Normalfall der unmittelbaren Störung).

b) Polizeiliche Maßnahmen sind nicht nur gegen die zeitlich letzte Ursache, sondern bereits gegen den Ersthandelnden notwendig und zulässig (Zweckveranlasser, sog. latente Gefahr).

In Fällen der ersten Gruppe führt die Lehre von der Unmittelbarkeit der Verursachung, sofern sie — dem Wortsinn entsprechend — auf die letzte, die Polizeiwidrigkeit auslösende Bedingung abstellt, allgemein zu befriedigenden Ergebnissen. Dabei ist jedoch keineswegs eindeutig geklärt, was man unter dem geläufigen Merkmal „Unmittelbarkeit der Verursachung" zu verstehen hat.

Offenbar geht man dabei von der Vorstellung einer Kausalkette aus, die zu der Annahme verführt, der rechtlich relevante Erfolg werde ausschließlich durch eine jeweils bestimmbare Anzahl von Bedingungen herbeigeführt, mit deren Klassifizierung in „mittelbare" und „unmittelbare" die Frage nach der Polizeipflicht eindeutig zu beantworten sei[65]. Damit ist eine komplexe Rechtsfrage auf ein kausales, in einem raumzeitlichen Ablauf fixiertes Denkschema reduziert.

Bezeichnend für die in Rechtsprechung und Schrifttum erkennbare Tendenz, wonach Ausführungen zur Kausalität und Unmittelbarkeit die rechtliche Subsumtion überlagern, ist der von Drews-Wacke zitierte Friedhofsfall[66] des OVG Münster:

---

[62] *Friauf*, Polizei- und Ordnungsrecht, S. 172; *ders.*, „Latente Störung", DVBl. 1971, S. 715 ff.

[63] *Vogel*, Der Verursachungsbegriff, JuS 1961, S. 92.

[64] OVG Saarlouis, JZ 1970, S. 284: „Abwägung der Interessen".

[65] Symptomatisch: *Jellinek*, Gesetz, S. 310: „Jede Polizeiwidrigkeit ist das Endglied einer langen Kette von Ursachen."

Die von einem Friedhof ausgehenden Verwesungsgifte drohen das Einzugsgebiet eines nahegelegenen Wasserwerks zu verunreinigen und gefährden die Trinkwasserversorgung.

Wacke verneint im Anschluß an die Entscheidung des OVG Münster die Störer-Eigenschaft der Kirchengemeinde als Trägerin des Friedhofs mit dem durchaus zutreffenden, in der Begründung jedoch nicht schlüssigen Hinweis, Friedhöfe müsse es geben, sie entsprächen der öffentlichen Ordnung; die durch sie auftretenden 'Benachteiligungen' lägen vor der polizeilichen Gefahrengrenze. Wer aber in unmittelbarer Nähe des Friedhofs eine Wasserversorgungsanlage errichte, der habe damit erst, durch sein Handeln, unmittelbar einen Gefahrenherd geschaffen[67].

Mit derselben Begründung ließe sich freilich auch die polizeiliche Verantwortlichkeit des Wasserwerks verneinen, denn niemand wird die Notwendigkeit von Wasserversorgungsanlagen bestreiten. Die Tatsache, daß der Friedhof bereits vor der Errichtung des Wasserwerks existierte, ist zwar nicht ohne Bedeutung, aber nicht ausschlaggebend für die Frage der Polizeipflichtigkeit. Denn nicht der Gedanke der Priorität[68], wonach die zuerst geschaffene Einrichtung den Vorrang hat, sondern die Gefahrenbezogenheit eines Verhaltens oder einer Sache ist das entscheidende Merkmal der Störereigenschaft.

Hier geht es nicht — wie Wacke formuliert — um eine bloße Benachteiligung; von dem Friedhof geht vielmehr eine konkrete Gefahr für die öffentliche Sicherheit aus. Diese Gefahr ergibt sich aus einem Zusammentreffen mehrerer Ursachen, u. a. aus der hydrologischen Beschaffenheit des Wassereinzugsgebietes und seiner Nähe zum Friedhof, wobei dann die Errichtung des Wasserwerks zu einem bei dessen Zweckbestimmung polizeiwidrigen Zustand führt. Die Lösung des Falles liegt letztlich in einer Wertung und Abwägung der kollidierenden Interessen, die sich aus der gleichzeitigen Nutzung zweier lebenswichtiger Gemeinschaftseinrichtungen an dieser Stelle ergeben. Darüber hinaus hängt die Entscheidung nicht zuletzt von der praktischen Durchführbarkeit einer wirksamen Gefahrenbeseitigung ab[69].

Die gelegentlich einseitige Betonung der Kausalbeziehungen[70] in Fällen mehrfacher Verursachung trägt nicht nur wenig zur Lösung bei;

---

[66] Sog. „Ahnenbrühe-Fall", nichtveröffentlichte Entscheidung des OVG Münster vom 30. 5. 1952 — VA 1420/51 —.

[67] *Drews/Wacke*, S. 224.

[68] Zur Frage der Priorität im Polizeirecht vgl. *Drews/Wacke*, S. 244; desgl., aber ohne Begründung: OVG Münster, Beschl. v. 16. 10. 1956, OVGE 11, 250.

[69] So kann der Gefahr verseuchten Trinkwassers nur mit einer Verlegung des Wasserwerks, nicht aber mit der Stillegung des Friedhofs wirksam begegnet werden.

[70] z. B. OVG Münster (VwRspr. 5 Nr. 95): „Kausalität hinsichtlich der Entstehung der Polizeipflichtigkeit."

derartige Ausführungen versperren, indem sie die Unterschiede zwischen den gesetzlichen Voraussetzungen der Verhaltens- und Zustandsverantwortlichkeit verwischen[71], den Blick auf die rechtliche Problematik.

2. Ausnahmen vom Grundsatz der Unmittelbarkeit

Der Begriff der Verantwortlichkeit im Sinne des Polizei- und Ordnungsrechts enthält nicht nur einen auf den unbestimmten Gesetzesbegriff „verursachen" zurückgehenden kausalen Aspekt, sondern innerhalb des kausalen Bezugsrahmens auch eine rechtlich-wertinterpretative Problematik.

Während unter den Verursachungstheorien insbesondere die Unmittelbarkeitslehre einen deutlichen Hinweis auf den äußeren Geschehensablauf enthält, ist der Begriff der polizeirechtlichen Verantwortlichkeit als eine Form objektiver Zurechnung[72] normativer Art. Dieser vom Begriff der Unmittelbarkeit nicht erfaßte normative Aspekt, der entscheidende Impulse von der anzuordnenden Rechtsfolge empfängt, kommt in zusätzlichen Bewertungskriterien („Überschreiten der Gefahrengrenze") oder in Hilfskonstruktionen (sog. Zweckveranlasser, latente Gefahr) zum Ausdruck, die eigentlich eine normative Begrenzung des Unmittelbarkeitsgrundsatzes darstellen.

a) Der Zweckveranlasser nach Jellinek

Der auf Jellinek zurückgehende Begriff des sog. Zweckveranlassers beruht auf der Trennung zwischen (unmittelbar handelndem) Verursacher und (mittelbar handeldem) Veranlasser. Nicht verantwortlich sei der bloße Veranlasser einer Polizeiwidrigkeit, also wer sie nicht selbst verursache, sondern nur den Anlaß für die unmittelbare Verursachung durch andere gebe[73]. Veranlasser ist somit nichts anderes als die sachlich neutrale Definition des gelegentlich verwendeten — in sich widerspruchsvollen — Begriffes der „mittelbaren Störung"[74], welcher nach der Lehre von der Unmittelbarkeit der Verursachung gerade keine juristische Relevanz zukommt.

Während nach Jellinek der Veranlasser nicht der richtige Adressat der Polizeiverfügung ist, sind Maßnahmen zulässig, „sobald die Veranlassung übergeht in die Verursachung"[75]. So sei z. B. der Redner, der

---

[71] Auf die Notwendigkeit einer scharfen Trennung zwischen Verhaltens- und Zustandshaftung weist *Holtzmann*, DVBl. 1965, S. 902 (903) hin.
[72] Eine Art „Erfolgshaftung" im Gegensatz zur subjektiven Zurechnung im Strafrecht.
[73] *Jellinek*, Verwaltungsrecht, S. 444; *ders.*, Gesetz, S. 310 ff.
[74] *Jellinek*, Gesetz, S. 310: „Die bekannteste Erscheinungsform der mittelbaren Polizeiwidrigkeit ist die Veranlassung."
[75] *Jellinek*, Gesetz, S. 311.

auf offener Straße Zuhörer zum Stehenbleiben veranlasse, als „Zweckveranlasser" ebenso polizeipflichtig wie die den Verkehr behindernde
Menschenmenge, „da ja seine Ansprache das Stehenbleiben der Leute
gerade bezweckt." Dasselbe gilt in den Fällen auffälliger Schaufenster-
reklame an belebten Straßen.

Schon das Preuß. OVG ist in einigen Entscheidungen von dem sonst
durchweg vertretenen Unmittelbarkeitsprinzip abgewichen. Das geschah
gerade dort, wo eine über die bloße Störungsbeseitigung hinausgehende
wirksame Gefahrenbekämpfung die polizeiliche Inanspruchnahme auch
des Ersthandelnden erforderlich machte, so z. B. in den sog. Reklamefällen[76]. Gerade hier zeigt sich die Unzulänglichkeit des zu sehr auf den
äußeren Kausalverlauf abstellenden Merkmals der Unmittelbarkeit.

Wichtiger erscheint die Beurteilung der Gefahrentendenz des in Frage
stehenden Verhaltens. So betont Scupin[77] den Gesichtspunkt der Zwangs-
läufigkeit, mit der z. B. ein schreiendes Plakat an einer belebten Straße
Verkehrsstörungen provoziert. Desgleichen versuchen Drews/Wacke und
Ule/Rasch den Ausnahmefall des Zweckveranlassers mit dem Hinweis
auf die notwendig aus dem eigenen Verhalten folgende Polizeiwidrigkeit zu rechtfertigen[78], die Unmittelbarkeit der Verursachung werde also
gewissermaßen auf diesem Wege hergestellt. Es geht jedoch nicht darum, im Wege der Interpretation „die Unmittelbarkeit herzustellen".
Auch die Argumentation von Götz[79], der Ersthandelnde habe mit seinem Verhalten die als Folge eingetretene Störung objektiv bezweckt,
aber subjektiv nicht gewollt, erscheint offensichtlich an dem erwünsch-
ten, ohne Begründung übernommenen Ergebnis ausgerichtet, wonach es
im Polizeirecht auf subjektive Momente nicht ankommt. Die Verfol-
gung eines bestimmten Zweckes enthält aber bereits ein subjektives
Element[80].

Die Konstruktion des Zweckveranlassers zeigt, daß es auch im Polizeirecht bei der Zurechnung von Gefahren bzw. Störungen subjektive
Bezugspunkte gibt, die mit kausalen Maßstäben nicht zu erfassen sind.
Der finale Aspekt menschlichen Handelns, d. h. die Möglichkeit, ein
bestimmtes Handlungsziel geistig zu antizipieren und dieser Zielsetzung
entsprechend sein Tun zu steuern, kann da nicht außer Betracht bleiben,
wo — wie z. B. in den sog. Redner- oder Reklamefällen — bei der Wahl
der Mittel die zwangsläufigen Folgen der Störungstendenz des eigenen
Verhaltens bewußt in Kauf genommen werden.

---

[76] Pr.OVGE 40, 216; 41, 432 (435 ff.); 85, 270.
[77] *Scupin*, Polizeirecht, S. 642.
[78] *Drews/Wacke*, S. 227; *Ule/Rasch*, § 19 Anm. 10.
[79] *Götz*, Allg. Polizeirecht, S. 81.
[80] Vgl. Pr.OVGE 40, 216 (217), wo die Polizeipflicht eines Kaufmanns damit
begründet wird, daß „seine Absicht darauf gerichtet war, ... die Schaulust
anzuregen und das Stehenbleiben des Publikums vor dem Schaufenster zu
veranlassen."

b) Das Überschreiten der „Gefahrengrenze"

Drews/Wacke versuchen die Unmittelbarkeit mit Hilfe eines den allgemeinen Gefahrenbegriff relativierenden Kriteriums zu präzisieren. Ausschlaggebend für die Qualifikation als Störer sei die Feststellung, daß das Verhalten des Betroffenen oder der Zustand der ihm zuzurechnenden Sachen „bereits selbst unmittelbar die polizeiliche Gefahrengrenze überschreitet". Benachteiligungen oder Gefährdungen vor dieser Grenze stellten keine Gefahr im Sinne des Polizeirechts dar[81]. Wo allerdings diese Gefahrengrenze und damit der Übergang von der mittelbaren zur unmittelbaren Verursachung liegt, ist nirgendwo eindeutig definiert[82].

Die Literatur zum Gefahrenbegriff schließt sich ebenso wie die Rechtsprechung durchweg dem Preuß. OVG an, wenn sie verlangt, daß der Eintritt eines Schadens nach der bestehenden Sachlage „wahrscheinlich" sein müsse[83]. Das Kriterium der „polizeilichen Gefahrengrenze" ermöglicht eine Relativierung des Eingriffsmerkmals Gefahr, die vor allem darin begründet liegt, daß dieser Begriff im Polizei- und Ordnungsrecht zu einem terminus technicus geworden ist, der seine Konkretisierung durch die Beziehung zu einem erst in der Zukunft feststellbaren und meßbaren Schaden[84] erfährt. Es besteht zwar noch eine Verbindung zu dem Wort Gefahr im allgemeinen Sprachgebrauch; der Begriff hat hier aber im Laufe der Entwicklung eine spezifische Färbung dadurch erhalten, daß an die Situation, die zu einem polizeilichen Eingreifen berechtigt, von der Sache her bestimmte Anforderungen gestellt werden, die auf anderen Gebieten unbeachtlich sind[85].

Die Gefahr ist als unbestimmter Gesetzesbegriff richterlicher Nachprüfung fähig[86]. Als solcher bedarf er insbesondere im Rahmen der präventiven Gefahrenabwehr einer die zeitlichen und örtlichen Besonderheiten berücksichtigenden Wertung. Diese Abwägung beschränkt sich

---

[81] *Drews/Wacke*, S. 208, 224.

[82] Lediglich bei *v. Müller*, RuPrVBl. 55 (1934) S. 338, findet sich der vage Hinweis, die Gefahrengrenze sei da überschritten, „wo sich der Zustand der Dinge zu einem gewissen Mindestmaß der Wahrscheinlichkeit (scil.: des Eintritts einer künftigen Störung) verdichtet hat."

[83] Im einzelnen sind die verwendeten Bezeichnungen unterschiedlich. So fordern z. B. *Drews/Lassar*, S. 27, „einen ausreichenden Grad objektiver Wahrscheinlichkeit". *Klausener/Kerstiens/Kempner*, S. 113, verlangen die „erkennbare objektive Möglichkeit" und *Senger/Kurzmann*, S. 35, eine „begründete Befürchtung". Das Pr.OVG hat fast immer eine „gewisse hinreichende Wahrscheinlichkeit" verlangt, so z. B. Pr.OVGE 87, 301 ff.; 98, 86 ff.

[84] Im Unterschied zum bürgerlichen Recht, wo der Schaden im allgemeinen ex post beurteilt wird, erfordert die Gefahrenabwehr eine Prognose über den Eintritt zukünftiger Ereignisse.

[85] So ist nach *Drews/Wacke* (S. 224) mancher Zustand, der eine Gefährdung mit sich bringt, eben noch keine Gefahr im Sinne des Polizei- und Ordnungsrechts.

aber nicht nur auf die Frage, ob eine Gefahr im Sinne des Polizeirechts vorliegt. Wie Vogel[87] zu Recht betont, ist in bestimmten Fällen bereits die Auswahl unter den verschiedenen Ursachen eine Wertungsfrage. Diese „Wertungsfunktion" erfüllt innerhalb der Unmittelbarkeitslehre, die zu sehr auf tatsächliche Verursachungsfragen abstellt und ein rechtliches Kriterium für die Störeigenschaft vermissen läßt[88], das Korrektiv der „polizeilichen Gefahrengrenze".

c) Das Konkretisieren der „latenten" Gefahr

Eine zu starke Betonung des kausalen Geschehensablaufs führt zu der vereinfachenden und unzureichenden Aufteilung in „mittelbare" und „unmittelbare Ursachen". Die Unmittelbarkeit wird dabei entweder kausal über den Begriff der Verursachung (letzte Bedingung) oder vom Gefahrenbegriff (Überschreiten der polizeilichen Gefahrengrenze) her definiert. Diese Kriterien sind jedoch nur Teilaspekte der Polizeipflicht. Weder die zeitlich letzte noch diejenige Ursache, die ein Einschreiten der Behörde erfordert, sind in jedem Fall geeignet, die Frage nach der Zurechenbarkeit von Störungsursachen stets eindeutig zu beantworten. Das zeigt der vieldiskutierte, vom OVG Münster entschiedene sog. Schweinemäster-Fall[89]:

> Seit Jahrzehnten wird im Außenbereich eines Ortes ein landwirtschaftlicher Betrieb mit einer größeren Schweinemästerei betrieben. Im Laufe der Zeit dehnt sich das städtische Wohngebiet bis in unmittelbare Nähe des Hofes aus. Auf wiederholte Beschwerden der Nachbarn ordnet der Stadtdirektor wegen gesundheitsgefährdender Immissionen (Gerüche, Ratten- und Fliegenplage) die Schließung des Betriebes an.

Das Gericht bejaht die Polizeipflicht des Landwirts unter Hinweis auf das von Drews/Wacke[90] verwendete Kriterium der „latenten Gefahr". Jede Schweinemästerei berge gewisse Gefahren in sich, die indessen — solange die Umgebung rein landwirtschaftlichen Charakter zeige — hinzunehmen seien. Diese latent vorhandenen Gefahren führten aber zur Polizeiwidrigkeit, sobald sie sich mit zunehmender Bebauung verwirklichten.

Hier stellt sich ähnlich wie bei dem bereits erwähnten Tankstellen-Fall[91] die Frage, inwieweit infolge von Umweltveränderungen einge-

---

[86] Vgl. zu dieser Frage *Wolff*, VerwR I § 31 I c: „Den Gerichten bleibt danach nur die Prüfung, ob die Anwendung des unbestimmten Begriffes im konkreten Falle seitens der Verwaltungsbehörde ... gerechtfertigt, ob sie ‚vertretbar' ist."
[87] Verursachungsbegriff, JuS 1961, S. 92.
[88] *Böckenförde*, Stellvertreter-Fall, JuS 1966, S. 365.
[89] OVG Münster, Bescheid v. 16. 10. 1956, OVGE 11, 250; vgl. auch BGHZ 45, 23 ff.
[90] Allg. Polizeirecht, S. 241 ff., 243.
[91] OVG Lüneburg bejaht das Kriterium „latente Gefahr" mit der Einschränkung, daß die Polizeipflicht in diesen Fällen nur eintrete, wenn eine Sache bereits von vornherein eine erhöhte Gefahrentendenz zeige.

tretene Störungen dem Eigentümer einer ursprünglich nicht polizeiwidrigen Sache zuzurechnen sind. Der Fall hat zahlreiche Stellungnahmen hervorgerufen, von denen die meisten die Entscheidung des OVG Münster zwar im Ergebnis billigen, dabei aber z. T. das Merkmal der „latenten Gefahr" als für das Polizeirecht unbrauchbar ablehnen.

Die dabei angestellten Überlegungen lassen erkennen, daß das Problem der Polizeipflicht nicht allein über eine Konkretisierung des Verursachungsbegriffs oder mittels einer bestimmten Theorie zu lösen ist. So stellt Menger[92] den zum eisernen Bestand des Polizeirechts gehörenden Grundsatz der Entschädigungslosigkeit des in Anspruch genommenen Zustandsstörers zur Diskussion und fragt, ob nicht auch rechtmäßige polizeiliche Eingriffe von besonderer Schwere, die unter Umständen zum Verlust der Daseinsgrundlage führen, eine Enteignung mit den Folgen des Art. 14 Abs. 3 GG darstellen könne. Ule/Rasch[93] verneinen die Polizeipflicht des Eigentümers, wenn die Sache erst durch Veränderungen in der Umwelt zu einer Gefahr für die öffentliche Sicherheit und Ordnung werde. Gegen den Eigentümer der Schweinemästerei könne nur im Falle des polizeilichen Notstandes und nur gegen Entschädigung eingeschritten werden.

Diese Möglichkeit wird von Quaritsch[94] unter Hinweis auf die Sozialbindung des Eigentums verneint. Die Zahlung einer Entschädigung hieße gemeinschaftliches Eigentum prämiieren. Wer aus einem latent gefährlichen Betriebe seinen Erwerb ziehe, dürfe das damit verbundene Risiko nicht dem Steuerzahler aufbürden. Auch nach Friauf[95] korrespondiert dem Vorteil der Sachherrschaft ihr Risiko.

Kriele[96] untersucht den Schweinemäster-Fall unter dem Gesichtspunkt eines unter bestimmten Voraussetzungen möglichen Plangewährleistungsanspruchs. Götz[97] bejaht die Polizeipflichtigkeit unabhängig von der Entschädigungsfrage: der Landwirt sei zwar unmittelbar verantwortlich, daher seien auch Auflagen zum Immissionsschutz zulässig. Die Stillegung des Betriebes jedoch dürfe wegen des baurechtlichen Bestandsschutzes nur im Wege der Enteignung gegen Entschädigung erfolgen.

---

[92] VerwArch. Bd. 50 (1959), S. 85/86. Vgl. hierzu auch *Menger*, Gewerbefreiheit und ordnungsrechtliche Eingriffsermächtigung, VerwArch. Bd. 63 (1972), S. 351 (354).

[93] Allg. Polizei- u. Ordnungsrecht, § 20 Anm. 18.

[94] Eigentum und Polizei, in DVBl. 1959, S. 455 ff.

[95] Polizeirecht, S. 176.

[96] DÖV 1967, S. 533.

[97] Allgemeines Polizei- und Ordnungsrecht, S. 84, 85. Zum Merkmal der „latenten Gefahr" bemerkt *Götz*, für die Feststellung der Gefährlichkeit komme es allein auf die gegenwärtige Situation an, nicht auf das, was früher einmal war.

III. Zusammenfassung

Schon die wenigen Hinweise auf Stellungnahmen in Rechtsprechung und Schrifttum machen deutlich, daß die Beurteilung der Verantwortlichkeit und Zurechnung im Polizeirecht mit Hilfe kausaler Kriterien wie der Unmittelbarkeit nicht stets zu befriedigenden Ergebnissen führt. Entweder wird der Inhalt dieses Begriffes vom Ergebnis her interpretiert oder er führt zur Bildung neuer Kriterien (Zweckveranlasser, Gefahrengrenze, unmittelbares = selbst polizeiwidriges Verhalten), die ihrerseits kaum weniger unbestimmt sind. Zu Recht bemerkt Neumann-Duisberg[98], daß der Unmittelbarkeitsbegriff zu pauschal gehandhabt und in dem durchaus verständlichen Bestreben nach vernünftiger Haftungsbeschränkung über Gebühr auf Kosten des Rechtsgefühls vergröbert werde.

Es erscheint überhaupt zweifelhaft, ob das Begriffspaar Unmittelbarkeit—Mittelbarkeit einer für die Polizeirechtsdogmatik überzeugenden und brauchbaren Verfeinerung zugänglich ist[99]. Auch Untersuchungen im Zivilrecht, wo man sich seit langem[100] um die Unterscheidung von mittelbaren und unmittelbaren Rechtsverletzungen bemüht, zeigen, daß mit der Analyse allein noch nichts gewonnen ist, daß es vielmehr letztlich um Wertungsfragen geht[101].

§ 11 Die Adäquanztheorie

Im Polizeirecht geht es ebenso wie im Zivil- oder Strafrecht darum, brauchbare, d. h. der normativen Zielsetzung der einzelnen Rechtsge-

---

[98] NJW 1968, S. 1991.

[99] *Egon Schneider*, NJW 1967, S. 1750 (1754), kritisiert „diese leeren Worthülsen". Auch *Bender*, DÖV 1968, S. 156 (160) nennt Tragweite und Bedeutung des Korrektivs „Unmittelbarkeit" unklar. Er meint, daß sich hier nicht in erster Linie ein Problem des Kausalverlaufs, sondern eher eine Frage der Zurechenbarkeit verberge, also eine jeweils unter Berücksichtigung der Besonderheiten des Einzelfalles zu beantwortende Wertungsfrage.

[100] Vgl. etwa die Kommentierung zu ALR I 3 §§ 4 ff. sowie Nr. I 6 §§ 2 ff. bei *C. F. Koch*, Allgemeines Landrecht für die Preußischen Staaten, S. 113 f. Schon dort wird darauf verwiesen, die Unterscheidung sei für den praktischen Gebrauch schädlich; sie führe nämlich zu den merkwürdigsten Urteilen über Mittelbarkeit und Unmittelbarkeit, je nach Vorstellung von Ursache und Wirkung.

[101] So zeigen gerade neuere Entscheidungen die Tendenz zu einer weniger dogmatischen Beurteilung der Polizeipflichtigkeit: Anläßlich des NPD-Parteitages in Saarbrücken kündigten zahlreiche Organisationen Protestdemonstrationen an, wobei mit Störungen der öffentlichen Sicherheit und Ordnung gerechnet werden mußte. Das OVG Saarlouis (JZ 1970, S. 283 ff.) kommt über eine auf Grund verfassungsrechtlicher Vorschriften vorgenommene „Abwägung der Interessen" zu einer Abgrenzung Störer/Nichtstörer. — In einem anderen Fall, in dem es um störende Geräuscheinwirkungen geht, prüft das BVerwG (DVBl. 1971, S. 571 ff.) im Anschluß an *Menger/Erichsen* (VerwArch 1959, S. 77 ff.) die Polizeipflichtigkeit auch unter Berücksichtigung der Entschädigungsregelung des § 51 GewO.

biete entsprechende Kriterien zu entwickeln, die eine Einschränkung des naturwissenschaftlichen Kausalitätsbegriffs bewirken. Wie bereits dargelegt, gibt es im öffentlichen Recht infolge der Vielfalt der Rechtsmaterien keine allgemeingültige Haftungstheorie. Daher überrascht es nicht, daß im öffentlichen Recht auch Verursachungslehren aus anderen Rechtsgebieten Anwendung finden. Hierzu zählt neben der als Ausgangspunkt dienenden Äquivalenzformel (conditio sine qua non) vor allem die Adäquanztheorie.

I. Allgemeine Grundlagen

Nach der im Zivilrecht herrschenden Adäquanztheorie sind nicht alle erfolgswirksamen Bedingungen gleichwertig; es findet vielmehr eine Auswahl unter den nach naturwissenschaftlicher Erkenntnis gegebenen Kausalfaktoren statt, und zwar im Hinblick darauf, ob die in Erwägung gezogene Ursache generell nach dem regelmäßigen Verlauf der Dinge geeignet ist, den rechtlich relevanten Erfolg herbeizuführen[102]. Maßstäbe und Gesichtspunkte, nach denen eine Auswahl von Bedingungen aus der Kausalkette im Hinblick auf ihre generelle Eignung und rechtliche Erheblichkeit vorgenommen werden kann, sind verständlicherweise unterschiedlich je nachdem, zu welcher Zeit, aus welcher Sicht und mit welchen Kenntnissen eine Beurteilung erfolgt. Es ist daher erklärlich, daß sich eine Vielzahl von Meinungen mit der für das Ergebnis, d. h. für den Haftungseintritt bedeutsamen Frage befaßt, von welchem Standpunkt aus die Beurteilung der Adäquanz eines Verhaltens vorzunehmen ist.

Um die faktische Bedeutung der Adäquanztheorie sowie den Unterschied zwischen zivilrechtlicher Haftung einerseits sowie Polizei- und Ordnungspflichtigkeit andererseits richtig würdigen zu können, erscheint es zweckmäßig, die wichtigsten und für das Polizeirecht erheblichen Ausgestaltungen dieser Ursachenlehre in zusammengefaßter Kürze zu schildern, bevor die im Schrifttum vertretenen Auffassungen zur Frage der Anwendbarkeit der Adäquanztheorie im Polizeirecht dargelegt werden.

II. Die verschiedenen Ausgestaltungen

Ihre rechtliche Fundierung und eine auch für das Polizeirecht wesentliche Ausprägung hat die Lehre von der adäquaten Verursachung durch v. Kries, Rümelin und Traeger erfahren.

---

[102] Gelegentlich wird der Adäquanzgedanke negativ formuliert: Danach darf die Möglichkeit eines Schadens nicht so entfernt sein, daß sie nach allgemeiner Lebenserfahrung vernünftigerweise nicht in Betracht gezogen werden kann, m. a. W. der eingetretene Erfolg darf „nicht außerhalb aller Wahrscheinlichkeit" liegen; vgl. RGZ 152, 401 u. RGZ 169, 91.

Als Begründer der Adäquanztheorie gilt der Physiologe v. Kries. In seiner auf das Strafrecht bezogenen Ursachenlehre stellt er darauf ab, ob das „stattgefundene schuldhafte Verhalten unter den tatsächlich bestehenden allgemeinen Verhältnissen der menschlichen Gesellschaft generell geeignet erscheint, verletzende Erfolge von der Art des vorliegenden herbeizuführen"[103].

Rümelin, der auf den Untersuchungen Bindings und v. Kries' zum Ursachenbegriff im Strafrecht aufbaut, weist bereits auf das funktionale Verhältnis zwischen der den realen Wirkungszusammenhang bezeichnenden Kausalität (als rechtlich neutraler Kategorie) und den dem Gesetzestatbestand zuzurechnenden Begriffen Verursachung und Verantwortlichkeit hin[104]. Für Rümelin ist „innerhalb des Zivilrechts die adäquate Kausalität die Grenze, bis zu der nach einer Verantwortlichkeit für entstandenen Schaden gesucht werden kann"[105].

Das wesentliche Moment der Adäquanztheorie liegt in ihrer generalisierenden Betrachtungsweise des Einzelfalles[106]. Da der „Ausdruck adäquat (entsprechend, angemessen) an sich nichtssagend"[107] ist und das Kriterium der generellen Eignung stets der Ergänzung durch Art und Zeitpunkt der Beurteilung (Urteil ex ante oder ex post sowie Qualifikation des Beurteilers) bedarf, kommt es entscheidend auf die Basis an, von der aus die Bewertung erfolgt. Bei der Bildung dieses Wahrscheinlichkeits-Urteils stellt v. Kries ab auf die dem Urheber zur Zeit des Handelns bekannten und erkennbaren Umstände[108].

Von dieser auf einer ex-ante-Betrachtung beruhenden „subjektivadäquaten Verursachung" unterscheidet sich die Konzeption Rümelins, die von einer objektiv-nachträglichen Beurteilung des Sachverhalts ausgeht. Bei der Feststellung der generellen Adäquanz legt Rümelin alle zur Zeit der Handlung in irgendwie erkennbarer Weise bekannten Umstände zugrunde, darüber hinaus auch „die durch den nachträglichen Verlauf aufgedeckten, aber zur Zeit der Handlung schon vorliegenden Umstände, sowie das gesamte Erfahrungswissen der Menschheit"[109]. Diese weite, sich der Bedingungstheorie nähernde Interpretation der Adäquanz nötigt Rümelin[110] später zu einer einschränkenden Modifikation, die darauf hinausläuft, bei der Zurechnung solche Bedin-

---

[103] *J. v. Kries*, S. 228.
[104] *Rümelin*, S. 202/203.
[105] *Rümelin*, S. 275.
[106] *v. Kries*, S. 216; *Rümelin*, S. 224.
[107] *Traeger*, S. 162.
[108] *v. Kries*, S. 228 ff.
[109] *Rümelin*, S. 189.
[110] *Rümelin*, S. 300.

gungen außer acht zu lassen, die dem Pflichtigen nicht bekannt und auch nicht erkennbar waren[111].

Nach Traeger ist dann eine adäquate Ursache im Rechtssinne gegeben, „wenn sie die objektive Möglichkeit eines Erfolges von der Art des eingetretenen in nicht unerheblicher Weise erhöht"[112]. Ebenso wie v. Kries beurteilt auch Traeger die Adäquanz deduktiv vom ex-ante-Standpunkt aus. Dabei verobjektiviert er jedoch das Urteil insofern, als er nicht nur das Wissen des Handelnden zugrunde legt, sondern darüber hinaus alle einem „einsichtigen Menschen" erkennbaren Bedingungen berücksichtigt. Dieser zwischen v. Kries und Rümelin vermittelnden Fassung der Adäquanzformel hat sich der BGH in Fortbildung der überkommenen Rechtsprechung des Reichsgerichts[113] und in enger Anlehnung an die rechtlichen Bewertungsmaßstäbe Traegers in seiner grundlegenden Entscheidung vom 23. 10. 1951[114] angeschlossen.

III. Adäquanztheorie und Normzwecklehre im Zivilrecht

In neuerer Zeit haben zunehmende Kritik und ein verbreitetes Unbehagen an der herkömmlichen Adäquanztheorie im zivilrechtlichen Bereich zu einer wesentlichen Modifizierung bzw. Ergänzung der Adäquanzformel durch die Lehre vom Normzweck geführt. Diese Lehre ist, aufbauend auf Anregungen im älteren Schrifttum[115], erstmals durch Ernst von Caemmerer in seiner bekannten Rektoratsrede[116] konzipiert worden. Nach ihrem Grundgedanken besagt sie, daß die richtige Begrenzung der Haftung im Zivilrecht nicht allein mit Hilfe des empirischen Wahrscheinlichkeitsurteils der Adäquanzlehre, sondern jeweils aus dem Zweck der verletzten Schutznorm mittels Auslegung ableitbar sein müsse[117]. Angewandt auf den Fall des § 823 Abs. 1 BGB bedeutet

---

[111] Diese von Rümelin als „Billigkeitsmodifikation" bezeichnete Einschränkung ist auf die privatrechtliche Haftung zugeschnitten; sie wird den Erfordernissen des Polizeirechts, insbesondere bei der Pflichtigkeit des Zustandsstörers nicht gerecht.

[112] *Traeger*, S. 159.

[113] Nach der Rechtsprechung des Reichsgerichts muß die Bedingung generell geeignet sein, den Erfolg herbeizuführen, vgl. RGZ 104, 143; RGZ 133, 127.

[114] BGHZ 3, 261.

[115] Den Anstoß zu einer Differenzierung der Zurechnungsmaßstäbe im bürgerlichen Recht gab vor allem Rabel, der nach eingehender Untersuchung der Rechtsprechung des Reichsgerichts an der Generalisierung der Adäquanztheorie Kritik übte und feststellte, sie sei zudem so unscharf, daß sie Raum für die verschiedensten Erwägungen lasse (*Rabel*, Das Recht des Warenkaufs, Bd. 1, S. 488 ff.). In dieselbe Richtung geht bereits die Kritik *Traegers* an der von ihm mitentwickelten Theorie (S. 162): „...daß der Ausdruck adäquat... zu einer bestimmten Vorstellung nicht nötigt, daß sich mit ihm vielmehr die verschiedensten Vorstellungen verbinden können und auch tatsächlich verbinden".

[116] *v. Caemmerer*, Das Problem des Kausalzusammenhangs im Privatrecht, S. 395 ff.

[117] Ebd., S. 401/402.

das: der Schädiger, der eine Verkehrssicherungspflicht verletzt, hat nur
für solche Schäden einzustehen, die er durch eine pflichtwidrige Handlung verursacht hat und deren Eintritt eben durch die Beobachtung
dieser Verkehrssicherungspflicht abgewendet werden sollte.

Die Ursprünge der Lehre vom Normzweck gehen nicht allein auf
Untersuchungen im Schrifttum zurück. Auch in der Rechtsprechung,
wo nach wie vor die Adäquanztheorie das Feld beherrscht, finden sich
seit langem bei der Feststellung des Haftungsumfangs neben der adäquaten Verursachung auch andere Kriterien der Schadensbegrenzung[118].
Ausgangspunkt für die Suche nach zusätzlichen Zurechnungskriterien
war die Tatsache, daß sich die Adäquanzformel bei ungewöhnlichen
Kausalverläufen, wie sie etwa bei mitwirkendem Verschulden eines
Dritten oder infolge einer bereits vorhandenen besonderen Schadensanfälligkeit (z. B. die sog. Bluterfälle) eintreten können, bei der Zurechnung von Schadensfolgen im zivilrechtlichen Bereich als zu eng
erwies. Die Adäquanztheorie in ihrer strengen, ursprünglichen Fassung
reichte also nicht aus, alle Fälle befriedigend zu lösen[119]. Bei der Aus-
schau nach ergänzenden, präziseren Zurechnungsmaßstäben konnte sich
die Wissenschaft auf eine alte Rechtsprechung stützen, die in einem
Teilbereich des Deliktsrechts, nämlich bei Übertretung sog. Schutzge-
setze im Sinne des § 823 Abs. 2 BGB, schon immer auf den Normzweck
abgestellt hatte[120].

Die Normzwecklehre hat inzwischen weitgehend Anerkennung gefunden, nicht zuletzt durch Entscheidungen des BGH, in denen der
Grundgedanke des § 823 Abs. 2 BGB, den Haftungsumfang vom Schutzzweck der verletzten Norm abhängig zu machen, auch bei Verletzung

---

[118] So zog das Reichsgericht neben der generellen Eignung des Schadens-
eintritts eine Mitverursachung oder mitwirkendes Verschulden eines Dritten
als Zurechnungsgesichtspunkt mit heran, indem es z. B. die Haftung des
Schädigers dann verneinte, wenn der Arzt „gegen alle Regel und Erfahrung
schon die ersten Anforderungen an ein vernünftiges, gewissenhaftes ärzt-
liches Verfahren in gröblichem Maße außer acht gelassen hat", vgl. RGZ 102,
230.

[119] Zu weit dürfte allerdings die Kritik von *Ulrich Huber* (JZ 1969, S. 677)
an der „unbrauchbaren Adäquanzformel" gehen, wenn er in einer Besprechung zum Urteil des BGH vom 7. 6. 1968 einleitend schreibt: „Die Rechtsprechung wird, wenn sie den eingeschlagenen Weg konsequent fortsetzt, das
Problem der Abgrenzung des vom verantwortlichen Verursacher zu ersetzenden Schadens nicht mehr mit Hilfe der Lehre vom adäquaten Kausalzusammenhang zu lösen suchen". Huber übersieht, daß der BGH in anderen Fällen
erst zusätzlich, nachdem die Entscheidung in erster Linie mit Adäquanzerwägungen begründet worden ist, auch noch den Zweck der in Betracht kommenden Haftungsnorm prüft, weil etwa die mit der Adäquanzformel gefun-
dene Lösung fragwürdig erscheint oder nur geringe Überzeugungskraft besitzt. Vgl. BGHZ 13. 11. 1962 MDR 1963, 122; BGH 4. 9. 1964 BGHZ 41, 123.

[120] Vgl. RG v. 23. 5. 06, RGZ 63, 324; RG 4. 2. 10, RGZ 73, 30; RG 26. 4. 13.
RGZ 82, 206. Eine Darstellung dieser Rechtsprechung findet sich bei *Rümelin*,
AcP Bd. 90, S. 305 ff.

der durch § 823 Abs. 1 BGB geschützten Rechtsgüter angewandt wurde[121]. Umstritten ist trotz eingehender wissenschaftlicher Diskussion[122] immer noch die Frage, ob der Normzweck einen selbständigen Haftungsmaßstab liefert und wenn ja, ob der Schutzzweckgedanke neben der Adäquanztheorie anzuwenden ist, oder ob er sie ersetzen soll[123].

Es bleibt festzuhalten, daß die Normzwecklehre eine Differenzierung der Zurechnungsgesichtspunkte im Schadensersatzrecht ermöglicht: Außer auf das Kriterium der Adäquanzformel, die generelle Wahrscheinlichkeit, wird bei der Haftungsbegrenzung auf die rechtliche Eigenart sowohl der haftungsbegründenden Normen wie auch der eingetretenen Schäden abgestellt.

IV. Die Adäquanztheorie im Polizeirecht

Auch im Polizeirecht findet bei Prüfung der gegen den Störer zulässigen Maßnahmen eine rechtliche Beurteilung der naturwissenschaftlich gegebenen Kausalfaktoren statt. Für diese Beurteilung bedarf es ebenso wie im Zivilrecht eines Zurechnungsmaßstabes, der den Besonderheiten des Einzelfalles Rechnung trägt. Diesen generellen Maßstab mit der Möglichkeit ergänzender Zurechnungsgesichtspunkte bietet die auch im Polizeirecht vertretene Adäquanztheorie. Allerdings ergeben sich Unterschiede aus der jeweiligen normativen Funktion der Adäquanzformel in beiden Rechtsgebieten: Als tragendes Element des bürgerlichen Schadensersatzrechts ist sie ein Instrument des individuellen Interessenausgleichs; im Polizeirecht hingegen bildet sie ein Korrektiv, das den Kreis der für eine Gefahrensituation ursächlich gewordenen Kausalfaktoren im Interesse gerechter Ergebnisse auf die im einzelnen zurechenbaren Folgen beschränkt.

Die amtliche Begründung zum bayerischen PAG[124] formuliert den Adäquanzgedanken für den Bereich des Polizeirechts folgendermaßen:

> „Grundsätzlich ist die Person verantwortlich, die die Gefahr oder Störung verursacht hat. Ursache in diesem Sinne ist aber nicht schon jede Bedingung, die rein logisch und naturwissenschaftlich betrachtet Voraussetzung des Ereignisses war. Vielmehr kommen nur solche Bedingungen als Ursachen im Sinne polizeirechtlicher Verantwortlichkeit in Betracht, die nach der Erfahrung des Lebens allgemein geeignet sind, eine Gefahr

---

[121] BGH 22. 4. 1958, BGHZ 27, 137 = NJW 1958, 1041; BGH 10. 5. 1958 = NJW 1958, 1044; BGH 1. 6. 1959, BGHZ 30, 154; OLG Karlsruhe 7. 2. 1957 = NJW 1957, 874; BGH 7. 6. 1968 = JZ 1969, 702.

[122] Einen Überblick über die bisherige Diskussion geben *Thomas Raiser*, JZ 1963, 462 ff. und *Ulrich Huber*, JZ 1969, 677 ff.

[123] Für die Ergänzung der Adäquanztheorie durch die Normzwecklehre z. B. *Fikentscher*, Schuldrecht, § 51 III, S. 251; für die zweite, radikalere Lösung: *v. Caemmerer*, aaO.

[124] Ziff. I zu Art. 9—12.

oder Störung der eingetretenen Art herbeizuführen. Die Ursache muß also dem Erfolg angemessen (adäquat) sein." Hauptkriterium der Adäquanz ist danach auch im Polizeirecht die generelle Wahrscheinlichkeit des Erfolgseintritts.

1. Schrifttum

Im polizeirechtlichen Schrifttum wird die Adäquanztheorie mit unterschiedlichen Argumenten vertreten. Betont wird jedoch allgemein ihr Vorzug bei der Konkretisierung der Verantwortlichkeit im Falle der Verkettung des polizeiwidrigen Erfolges mit ungewöhnlichen und vielschichtigen Kausalverläufen. Die Korrektiv-Funktion des Adäquanzerfordernisses als notwendige Folge des Verursachungsprinzips wird besonders deutlich bei Scholz-Forni. Er unterscheidet zwischen der Verursachung eines polizeiwidrigen Erfolges durch Verletzung einer besonderen Norm und einer Verursachung durch Verletzung einer allgemeinen Norm (z. B. § 10 II 17 ALR). Im ersten Fall soll statt des nach seiner Meinung nicht erforderlichen Verschuldens mit Hilfe der Adäquanzformel „in Fällen äußerst ungewöhnlicher Verknüpfung des Geschehens" eine Verantwortlichkeit verneint werden[125].

Bock verlangt für das Polizeirecht eine „generalisierende Theorie", welche die vorherige Würdigung eines noch nicht eingetretenen, aber bevorstehenden Erfolges ermögliche[126]. Dabei seien nicht nur diejenigen Umstände zu berücksichtigen, die dem Urheber zur Zeit ihres Eintritts individuell bekannt oder erkennbar waren; im Polizeirecht hänge vielmehr die Frage, ob ein bestimmtes Verhalten als störend anzusehen sei, wesentlich „von den besonderen zeitlichen und örtlichen Verhältnissen, den politischen, sozialen und wirtschaftlichen Gegebenheiten ab", die nicht außer acht gelassen werden dürften. Diesem Erfordernis entspreche die Adäquanztheorie in der Fassung Traegers, da sie neben dem generalisierenden Maßstab auch die Berücksichtigung der besonderen Verhältnisse des Einzelfalles gestatte.

Jaschkowitz sieht in der „generell geeigneten Bedingung" ein durch das Verursachungsprinzip bedingtes Korrektiv „zur Vermeidung unbilliger Härten und zu schwerer Belastung des Einzelnen"[127].

Gelegentlich wird im polizeirechtlichen Schrifttum neben einer adäquaten Verursachung die Forderung nach Unmittelbarkeit zwischen Verhalten und Gefahr bzw. Störung verbunden. So betonen Senger/Kurzmann, daß als Ursache i. S. d. § 17 OBG NW nur ein solches Verhalten in Betracht komme, das dem „Erfolg adäquat, d. h. generell ge-

---

[125] *Scholz-Forni*, VerwArch. Bd. 30, S. 36/37.
[126] *Bock*, Kausalität, S. 34.
[127] *Jaschkowitz*, DJZ 1926, S. 894.

eignet ist, einen bestimmten Erfolg herbeizuführen"[128]. In den problematischen Fällen mehrfacher störender Verhaltensweisen führe nur das unmittelbar gefährdende Handeln zur Verantwortlichkeit[129]. Das von Senger/Kurzmann geforderte Verschulden in den Fällen sukzessiv-störender Verhaltensweisen mehrerer Personen ist, wie bereits dargelegt[130], kein geeignetes Kriterium zur Bestimmung der Störereigenschaft im objektiv ausgerichteten Polizeirecht.

Scupin[131] verweist bei grundsätzlicher Bejahung der Lehre vom adäquaten Kausalzusammenhang auf die unterschiedlichen Voraussetzungen zwischen polizeirechtlicher Verursachung und der Kausalität strafbaren Handelns. So seien im Polizeirecht anders als im Strafrecht nur solche Ursachen in Betracht zu ziehen, die in keinem zu entfernten Zusammenhang mit dem Handelnden stünden. Niemand werde durch außergewöhnliche Wirkungen seines Verhaltens oder durch unberechenbare Zufälle polizeipflichtig. Die Befürwortung der Adäquanztheorie im Polizeirecht mit der gleichzeitigen Forderung nach unmittelbarer Herbeiführung des Erfolges als Voraussetzung der Polizeipflichtigkeit findet sich ferner bei Rietdorf[132], Müller-Heidelberg/Claus[133] und Berner[134].

Eine neuere Stellungnahme von Salzwedel[135] bestätigt den Trend zu einer differenzierenden Betrachtungsweise. Salzwedel beantwortet die Frage nach dem Störer nicht mit Hilfe einer bestimmten Theorie; er spricht vielmehr von „einschränkenden Merkmalen", die erfüllt sein müssen, bevor ein Verursacher als Störer in Anspruch genommen werden könne. Erforderlich sei nämlich, daß eine Handlung die Störung adäquat und unmittelbar verursacht habe; weiterhin müsse die Handlung bzw. pflichtwidrige Unterlassung in sich sozialinadäquat sein. Nach der Formulierung Salzwedels bedeutet Adäquanz positiv, „daß die Handlung oder pflichtwidrige Unterlassung mit noch meßbarer Wahrscheinlichkeit die Gefahr oder Störung näher gerückt hat, als sie war"[136].

Moser sieht in der Bejahung der Adäquanztheorie und der gleichzeitigen Forderung nach unmittelbarer Verursachung einen Wider-

---

[128] *Senger/Kurzmann*, § 17 Erl. 2.
[129] *Senger/Kurzmann*, § 17 Erl. 5.
[130] Vgl. oben § 3 III.
[131] *Scupin*, Polizeirecht in HdkW II, S. 641, mit weiteren Nachweisen. Er weist darauf hin, daß das Schuldmoment im Polizeirecht keiner besonderen Prüfung unterliege und eben deshalb die Adäquanztheorie die Pflichtigkeit bei außergewöhnlichen Wirkungen eines Verhaltens ausschließe.
[132] *Rietdorf*, Kommentar zum OBG, § 16 Erl. 6.
[133] *Müller-Heidelberg/Claus*, Kommentar zum SOG, § 6, 1.
[134] *Berner*, Kommentar zum bayer. PAG, Art. 9 Anm. 2.
[135] Salzwedel, Zur Entwicklung des Polizeirechts, S. 1209—1242, insb. S. 1229 ff.
[136] *Salzwedel*, S. 1232.

spruch, „der den zunächst klaren Standpunkt verwirrt"[137]. Desgleichen bezeichnet Bergmann es als nicht miteinander vereinbar, wenn einige Autoren die Adäquanzlehre vertreten, die andererseits die Lehre von der unmittelbaren Ursache befürworten[138]. In der Tat mag die Anwendung unterschiedlicher Verursachungslehren innerhalb eines Rechtsbereichs widersprüchlich und inkonsequent erscheinen. So zieht Bergmann aus der zutreffenden Feststellung, daß adäquate Verursachung und unmittelbare Verursachung weder identisch sind noch sich überschneiden, den Fehlschluß, man könne Adäquanz- und Unmittelbarkeitsformel nicht nebeneinander anwenden. Diese Schlußfolgerung beruht auf einer Überschätzung der Theorie im Recht, die in der stillschweigenden Unterstellung liegt, es gebe eine allgemeingültige Kausalitätstheorie, mit der sich das Verursachungsproblem im Polizeirecht für alle Fälle befriedigend lösen lasse.

Der heutige Stand der Problematik ist dagegen eher gekennzeichnet durch die Tendenz, die Gedanken zur Adäquanz und Unmittelbarkeit der Verursachung mit weiteren Kriterien zur Bestimmung der polizeirechtlichen Verantwortlichkeit zu verbinden. Das Vordringen der Normzwecklehre im Zivilrecht sowie eine der teleologischen Denkweise entsprechende differenziertere Bewertung der Kriterien zur Polizeipflicht beweisen eine Relativierung der bisher häufig zu sehr unter dem Gesichtspunkt der Allgemeingültigkeit beurteilten Verursachungstheorien[139]. Zu Recht betont Wagner, daß die Theorien in der Rechtswissenschaft heute eine bescheidenere Funktion haben und als „Konstruktionsmittel" eine systematisierende Erklärung der zahllosen Einzelerfahrungen erstreben[140].

2. Rechtsprechung der Verwaltungsgerichte

Im Gegensatz zum polizeirechtlichen Schrifttum hat die Adäquanztheorie in der Rechtsprechung der Verwaltungsgerichte nur wenig Anklang gefunden. Der Grund hierfür mag in der vom Preuß.Oberverwaltungsgericht schon frühzeitig und in der überwiegenden Anzahl der Fälle vertretenen Forderung nach einem „unmittelbaren" Zusammenhang zwischen Polizeipflichtigkeit und dem sie bewirkenden Verhalten bzw. Zustand liegen. Daneben spielte wohl auch die Tatsache eine Rolle, daß die Adäquanzformel zunächst mit dem Ziel einer sachgerechten Begrenzung der Verantwortlichkeit für den straf- und zivilrecht-

---

[137] *Moser*, S. 146.

[138] *Bergmann*, S. 139.

[139] Auf die Fragwürdigkeit, das Adäquanzurteil unabhängig von der konkreten Rechtsnorm allgemein gültig formulieren zu wollen, weist *v. Caemmerer*, S. 402, hin.

[140] *Wagner*, Die Theorie in der Rechtswissenschaft, JuS 1963, S. 460.

lichen Bereich entwickelt und erst später in das Polizeirecht rezipiert wurde[141].

Wenngleich ein ausdrückliches Bekenntnis zur Adäquanzlehre vermieden wird, so finden sich doch vereinzelt Entscheidungen, deren Begründungen Adäquanzgedanken widerspiegeln. So heißt es in dem bereits zitierten Urteil vom 19. 11. 1903[142] (Schiffswrack-Fall), daß der polizeiwidrige Zustand eingetreten ist, „obwohl er (scil. der Bergungsverein) alles getan hat, was er nach menschlicher Voraussicht und menschlichen Kräften tun konnte und tun mußte, durch höhere Gewalt und von seinem Willen unabhängige, nicht vorherzusehende und vorhergesehene, ihm also nicht anzurechnende Zufälle verursacht worden ist". Hier ist das vom Gericht zur Begründung herangezogene Kriterium der Vorhersehbarkeit allerdings nur ein Indiz für die Adäquanztheorie; wahrscheinlicher erscheint der Zusammenhang mit der vom Preuß. OVG ausführlich behandelten Frage des Verschuldens im Polizeirecht. Ein Beleg für die objektive Fassung der Adäquanzformel findet sich in einem weiteren Urteil vom 11. 3. 1926[143]. Das Pr.OVG führt zunächst aus, nicht jede entfernte Bedingung lasse den Handelnden als Verursacher erscheinen, „vielmehr ist zwischen seinem Tun und dem eingetretenen Zustand eine Beziehung zu fordern, die nach den im Verkehrsleben üblichen und berechtigten Anschauungen es rechtfertigt, den Zustand gerade auf seine Handlung zurückzuführen."

Weitere Urteile des Pr.OVG, in denen die polizeirechtliche Verantwortlichkeit mit einer adäquaten Verursachung begründet wird, sind nicht bekannt; in späteren Entscheidungen findet sich zunehmend das Erfordernis der Unmittelbarkeit der Störung oder Gefahr.

Die Eigenschaft der Verursachungstheorien als vom Normzweck beeinflußte juristische Zweckschöpfungen zeigt sich an einer Stellungnahme des Bundessozialgerichts zur Kausalität im öffentlichen Recht. Im Urteil vom 11. 11. 1959[144] ersetzt das BSG für den Bereich der Sozialversicherung und Kriegsopferversorgung den generalisierenden Maßstab der Adäquanztheorie durch das Kriterium der „Wesentlichkeit"[145]. Es heißt dort: „Die Möglichkeit des Eintritts eines bestimmten

---

[141] So nimmt z. B. *Bock* (S. 34, 35) Bezug auf die von Traeger und v. Kries entwickelten Fassungen der Adäquanzformel; Scupin verweist auf die von den Zivilgerichten entwickelten Haftungsgrundsätze.

[142] Pr.OVGE 44, 418 (426).

[143] Pr.OVGE 82, 343 (347); ähnliche Formulierungen finden sich in zwei weiteren Entscheidungen: Pr.OVGE 82, 351 (359): „Berechtigte Anschauungen des Lebens" und Pr.OVG 83, 255 (262): „im Verkehrsleben üblich und gerechtfertigte Anschauungen".

[144] NJW 1960, S. 406.

[145] *Reiff* (NJW 1961, S. 630 ff., 633) gelangt bei einem Vergleich der Adäquanzlehre mit dem für das Versorgungsrecht maßgebenden Kriterium der wesentlichen Bedingung zu der Feststellung, „daß die beiden Kausaltheorien

Erfolges infolge der Bedingung darf nach der Adäquanztheorie nicht eine so entfernte sein, daß sie nach der Auffassung des Lebens vernünftigerweise nicht in Betracht gezogen werden kann. Ein solches generalisierendes Moment ist in dem für die Kausalität in der Kriegsopferversorgung maßgebenden Begriff der Wesentlichkeit einer Bedingung nicht enthalten."

Zwei Entscheidungen der Oberverwaltungsgerichte Münster und Lüneburg dokumentieren, daß Adäquanzerwägungen nicht nur im Rahmen der rechtlich relevanten Ursache eine Rolle spielen, sondern daß das dem Adäquanzgedanken immanente Moment der Wahrscheinlichkeit bereits bei der Frage nach dem Vorliegen einer Gefahr für die öffentliche Sicherheit oder Ordnung zu berücksichtigen ist. So muß es sich nach dem Urteil des OVG Münster vom 1. 7. 1964[146] um eine konkrete Gefahr handeln, „also um einen Zustand, der nach verständigem Ermessen den Eintritt eines Schadens mit Wahrscheinlichkeit erwarten läßt". Nach einer Entscheidung des OVG Lüneburg[147] ist es zur Rechtfertigung eines polizeilichen Eingriffs notwendig, „daß eine sich aus Tatsachen ergebende Wahrscheinlichkeit der Gefährdung oder die begründete Besorgung einer solchen vorliegt".

V. Rechtlicher Gehalt und Funktion der Adäquanztheorie

Der rechtliche Gehalt der Adäquanztheorie wird durch das Moment der Generalisierung bestimmt, d. h. ein gefährdendes Verhalten wird im Hinblick auf die rechtlichen Folgen nach der generellen Eignung beurteilt, die dieses Verhalten für den eingetretenen Erfolg besitzt. Die Beurteilung eines Verhaltens im Hinblick auf die eingetretene Wirkung ist weniger eine Frage der Ursächlichkeit oder ein Problem des Kausalnexus; es geht vielmehr um die Aussonderung bereits als ursächlich festgestellter Bedingungen im Wege rechtlicher Bewertung, um die Beurteilung, ob das fragliche Tun oder Unterlassen bei einer ex ante zu stellenden Prognose die nach allgemeiner Lebenserfahrung erkennbare Tendenz besaß, einen Erfolg von der Art des eingetretenen herbeizuführen, oder ob nur ein zufälliger, menschlicher Voraussicht sich entziehender Geschehensablauf den Erfolg bedingte[148]. Führt man sich den Unterschied zwischen dem den realen Geschehensablauf betreffenden Kausalzusammenhang und der normativen Funktion[149] der Adäquanz-

im Prinzip übereinstimmen und die Unterscheidung bloß eine solche der Nomenklatur ist". Dieses Ergebnis überzeugt nicht, es zeigt m. E. lediglich die Dehnbarkeit beider Verursachungslehren.

[146] DÖV 1964, S. 786 (787).
[147] Urt. v. 17. 12. 1959 = DÖV 1960, S. 142 (143).
[148] *Reiff*, Begriff der Kausalität in der Unfallversicherung, NJW 1961, S. 630 ff. (631).
[149] Zum Begriff der Funktion vgl. *Krawietz*, Das positive Recht und seine Funktion, insbes. S. 39 f.

theorie vor Augen, so erscheint die von Moser[150] ausführlich untersuchte
Frage, ob die Adäquanzlehre eine Kausalitäts- oder eine Haftungstheorie sei, verfehlt, denn jede juristische Verursachungslehre enthält kausale und normative Gesichtspunkte, insofern eine rechtliche Bewertung
und Beurteilung der gegebenen Kausalfaktoren nach Maßgabe spezifi-
scher, der Eigenart des jeweiligen Rechtsgebietes entsprechenden Zurechnungskriterien erfolgt.

1. Zivilrecht

Die Funktion der Adäquanztheorie im Zivilrecht ist eine doppelte:
sie dient einmal der Abgrenzung bei der haftungsrechtlichen Zurechnung eines anspruchsbegründenden Tatbestandes, zum anderen bildet
sie einen Haftungsmaßstab bei der Feststellung des vom Schädiger zu
ersetzenden Schadensumfangs. Im Rahmen der sog. *haftungsbegründenden Kausalität* erfüllt die Adäquanztheorie eine selektive Funktion,
indem mit ihrer Hilfe aus einer Reihe gegebener Kausalfaktoren diejenigen bestimmt werden, die geeignet sind, einen Schadensersatzan-
spruch nach Maßgabe der jeweiligen Haftungsnorm zu begründen. Im
Rahmen der sog. *haftungsausfüllenden Kausalität* tritt die Adäquanztheorie bei der Erfassung und Bemessung des zu ersetzenden Schadens
in Funktion. Hier handelt es sich entgegen der irreführenden Bezeichnung „haftungsausfüllende Kausalität" nicht um eine Frage der Kausalität oder Verursachung, sondern vielmehr — wie von Caemmerer[151]
mit Recht hervorhebt — um das rein normative Problem der sachgerechten Begrenzung des Schadensumfangs.

Für die hier anzustellende Untersuchung über die Adäquanztheorie
im Zivilrecht erscheint der Umstand von Bedeutung, daß das Gesetz
selbst in einigen Fällen das Wahrscheinlichkeitsurteil der Adäquanztheorie in den Haftungstatbestand einbezieht. So bestimmt z. B. die
Vorschrift des § 252 Satz 2 BGB für die Schadensberechnung: „Als ent-
gangen gilt der Gewinn, welcher nach dem gewöhnlichen Lauf der
Dinge oder nach den besonderen Umständen, insbesondere nach den
getroffenen Anstalten und Vorkehrungen, mit Wahrscheinlichkeit er-
wartet werden konnte."

Desgleichen wird in § 844 Abs. 2 BGB der Schadensersatz von der
mutmaßlichen Entwicklung der Verhältnisse abhängig gemacht. Die
Konstruktion der sog. hypothetischen Kausalität zeigt, daß im Schadensersatzrecht auf die prognostische Erfassung zukünftiger Umstände
nicht verzichtet werden kann, da z. B. bei der Frage nach dem entgan-
genen Gewinn neben der unmittelbaren Vermögensminderung auch

---

[150] Verursachungstheorie, S. 19 ff.
[151] NJW 1956, S. 571.

die vermögensrechtlichen Auswirkungen der verursachten Schädigung für die Zukunft zu berücksichtigen sind. Die generelle Wahrscheinlichkeit, das Hauptkriterium der Adäquanztheorie, ist somit bereits dem gesetzlichen Schadensbegriff immanent. Daraus kann gefolgert werden, daß die spezifische Funktion der Adäquanztheorie im Bereich des Schadensersatzrechts liegt.

Die Adäquanzformel bildet für den zivilrechtlichen Bereich einen praktikablen, generellen Haftungsmaßstab, der allerdings in den meisten Fällen der Risikozurechnung einer weiteren Konkretisierung bedarf[152]. Auf diesen Umstand hat bereits Traeger hingewiesen, indem er neben der Adäquanz untersucht, ob die geschehene Rechtsgutverletzung eine Folge derjenigen Gefahr ist, der die vom Täter verletzte Verkehrspflicht entgegenwirken soll[153].

2. Polizeirecht

Die Bedeutung der Adäquanztheorie im Polizeirecht liegt in ihrer Schutzfunktion gegenüber dem Einzelnen insofern, als sie im Rahmen des Verursachungsprinzips, wonach es auf ein Verschulden nicht ankommt, vor einer polizeilichen Inanspruchnahme bewahrt, solange sich ein bestimmtes Verhalten bei generalisierender Betrachtungsweise als verkehrsgerecht erweist. Bei der Beurteilung, ob ein Verhalten einen polizeiwidrigen Erfolg adäquat verursacht hat, bilden die Schadensanfälligkeit einer konkreten Situation und deren generelle Vorhersehbarkeit die Ausgangspunkte. Die Wahrscheinlichkeit einer Störung oder Gefahr hängt weitgehend von den zeitlichen und örtlichen Gegebenheiten des Einzelfalles ab[154]. Das Erfordernis der Vorhersehbarkeit garantiert, daß inadäquate Kausalverläufe außer Ansatz bleiben. Indem somit unberechenbare und insoweit nicht zu vertretende Zufälle ausscheiden und die Besonderheiten des einzelnen Falles Berücksichtigung finden, erlaubt die Adäquanztheorie in der überwiegenden Zahl der

---

[152] So weist z. B. v. Caemmerer (S. 402) darauf hin, daß für die geforderte nachträgliche objektive Prognose eines optimalen Beobachters so gut wie nichts außerhalb aller Wahrscheinlichkeit liegt: „So ist die Wirkung der von der Rechtsprechung zwar dauernd angewandten Adäquanztheorie im praktischen Ergebnis doch ganz gering geblieben. In der amtlichen Sammlung der Reichsgerichtsentscheidungen sind allein ungefähr ein halbes hundert Urteile veröffentlicht, die sich mit dem adäquaten Kausalzusammenhang beschäftigen. Darunter sind nur vier, in denen die Adäquanz verneint und damit die Haftung eingeschränkt wird, und mir scheint, daß in allen vier Fällen andere Gründe für die Entscheidung maßgebend waren."

[153] Die Formulierung Traegers (Kausalbegriff, S. 305) erinnert bereits an die Normzwecklehre: „Der Begriff des Betriebsunfalls verlangt also nicht nur adäquaten Kausalzusammenhang zwischen den Betriebsfunktionen und dem ersten schädigenden Erfolge, sondern ein Mehr, die Verwirklichung einer dem Eisenbahnbetriebe eigentümlichen Gefahr."

[154] Salzwedel, S. 1226.

Fälle eine elastische und sachgerechte Beurteilung der polizeirechtlichen Verantwortlichkeit.

Der Vorteil dieser Betrachtungsweise gegenüber der Lehre von der
unmittelbaren Verursachung liegt zweifellos darin, daß in den problematischen Fällen kumulativer Verursachung[155] auch im Setzen einer
bloßen „Vorbedingung" die rechtlich entscheidende Ursache gesehen
werden kann, während umgekehrt eine zeitlich spätere Bedingung
ohne die Hilfskonstruktion der „latenten Gefahr" aus dem Bereich der
polizeilichen Verantwortlichkeit auszuscheiden ist, sofern sie für den
Erfolg völlig inadäquat war. Zur Verdeutlichung möge folgender Fall[156]
dienen, der sich 1958 in Stuttgart ereignete und zu einer Kontroverse
im Schrifttum führte:

> An einem Kino, das sich in unmittelbarer Nähe einer Kirche befand,
> rief die Bildwerbung für den Film „Bonjour Tristesse" den Unwillen und
> die Erregung eines Teiles der Bevölkerung hervor. Als sich auch die
> Presse des Vorganges annahm, teilte der Direktor des Filmtheaters dem
> Polizeipräsidenten mit, daß eine größere Gruppe konfessionell ausgerich-
> teter Jugendlicher gegen die ausgehängten Plakate zu demonstrieren be-
> absichtige, wobei es voraussichtlich zu Tätlichkeiten gegen Personen oder
> Sachen kommen werde. Daraufhin gab der Polizeipräsident dem Direktor
> des Filmtheaters durch Verfügung auf, das Anstoß erregende Filmplakat
> unverzüglich entfernen zu lassen.

Während Stümper[157] die Entscheidung der Polizeibehörde unter Hinweis auf die alternative Verantwortlichkeit des Filmtheater-Besitzers
wie auch der Demonstranten bejaht, will Sauter[158] die polizeiliche Inanspruchnahme des Theaterbesitzers von der für die Entscheidung uner-
heblichen Frage abhängig machen, „ob das Plakat als solches gegen
Recht und Ordnung verstoßen habe". Da gemäß §§ 1, 6 Abs. 1 bw PolG
die Polizei bereits bei drohender Verletzung von Recht und Ordnung
Gegenmaßnahmen ergreifen darf, war lediglich zu prüfen, ob mit dem
Aushängen der Plakate eine Gefahr verursacht worden war. Diese
Frage war angesichts der angekündigten Demonstration und möglicher
Gewaltanwendung nach der Adäquanztheorie zu bejahen, so daß es
dann eine Ermessensentscheidung gemäß §§ 3, 5 bw PolG war, gegen
wen (Jugendliche oder Theaterbesitzer) Maßnahmen zur Gefahrenabwehr zweckmäßigerweise zu treffen waren. Wie dieser Fall zeigt, be-

---

[155] Die Verwendung der Begriffe „alternativ" und „kumulativ" ist in der
Literatur nicht einheitlich. Wie hier *Staudinger/Werner* Vorbem. 38 vor §§ 249
bis 255; anders aber *Ule/Rasch* § 19 PVG Anm. 14 (kumulativ = mehr-
fache Verantwortlichkeit). Dem lateinischen Wortsinn dürfte die Terminologie
von Werner am besten entsprechen: alternativ = eine der beiden Ursachen
hätte den Erfolg (jeweils allein) bewirkt; kumulativ = erst die Häufung beider Tatanteile führt zum Erfolg.
[156] Abgedruckt in „Die Verwaltungspraxis" 1958, S. 227.
[157] Verwaltungspraxis 1958, S. 272.
[158] Verwaltungspraxis 1958, S. 273/274.

währt sich die Adäquanztheorie insbesondere bei mehrfacher Verursachung einer Störung oder Gefahr, indem bereits bei einer Gefährdung Zukunftsprognosen erstellt und somit rechtzeitig Maßnahmen zur Gefahrenabwehr getroffen werden können.

VI. Grenzen des Funktionsbereichs der Adäquanztheorie

Die Grenzen des Funktionsbereichs der Adäquanztheorie im Polizeirecht liegen dort, wo die Möglichkeit der Erfassung einer rechtlich relevanten Verursachung unter dem Aspekt der generellen Wahrscheinlichkeit endet.

Die Adäquanztheorie bewährt sich in erster Linie im zivilrechtlichen Bereich, wo es um eine individuelle Schadensregelung auf der Grundlage der Gleichrangigkeit der Parteien geht. Dagegen liegt die Grundlage der polizei- und ordnungsbehördlichen Verantwortlichkeit vielmehr in dem Verhältnis der Betätigungsfreiheit des Individuums zu den Interessen der Allgemeinheit an Sicherheit und Ordnung im öffentlichen Bereich[159]. Diese Verantwortlichkeit wird nicht in jedem Fall durch eine inadäquate Verursachung ausgeschlossen, wie der vom OVG Münster entschiedene Öl-Fall[160] beweist, dem folgender Sachverhalt zugrunde liegt:

> Der Tanklastzug einer Mineralölfirma verunglückt infolge eines Achsenbruchs auf der Autobahn. Das auslaufende Öl versickert in dem angrenzenden Grundstück und droht das Grundwasser zu verseuchen. Die Ordnungsbehörde läßt das verunreinigte Erdreich durch einen Unternehmer ausheben und nimmt Halter und Fahrer des Tankwagens auf Kostenersatz in Anspruch.

Nach dem Urteil des OVG Münster ist es ohne Bedeutung, ob der Fahrer schuldhaft gehandelt hat und ob der Eintritt der Gefahr vorauszusehen war; Fahrer und Halter des Tankwagens sind vor dem Eigentümer des verseuchten Grundstücks ordnungspflichtig[161]. Diese im Ergebnis zu billigende Entscheidung ließe sich mit Adäquanzerwägungen kaum begründen, denn der auf einem Materialfehler beruhende Achsenbruch und das dadurch bedingte Auslaufen des Öls ist — soweit nicht besondere Gründe vorliegen — ein unberechenbarer Zufall. Freilich vermag der vom Gericht herangezogene Hinweis auf die unmittelbare, eher willkürlich festgelegte „letzte Bedingung", die hier im Befahren der Autobahn gesehen wird, ebensowenig zu überzeugen.

---

[159] *Nipperdey*, Handbuch der Grundrechte IV, 2, S. 788 ff. zu Art. 2 Abs. 1 GG; *Hurst, W.*, AöR Bd. 83, S. 69.

[160] Urt. v. 3. 10. 1963 = DVBl. 64, 683 = MDR 64, 1035.

[161] Zustimmend: *Czychowski* (DVBl. 1970, S. 384); nach ihm handelt der Fahrer des Wagens auch dann ordnungswidrig, wenn der Unfall auf einem von ihm nicht verursachten Materialfehler beruht; a. A. *Holtzmann* (DVBl.

Zwar führt, wie Samper[162] zu Recht bemerkt, die Begrenzung der
Polizeipflichtigkeit mit Hilfe der Adäquanzlehre in der Mehrzahl der
Fälle zu richtigen Ergebnissen. Sie leidet aber an dem Mangel, daß sie
die rechtlich relevante Ursache eines polizeiwidrigen Erfolges nach der
allgemeinen Lebenserfahrung, der generellen Wahrscheinlichkeit beurteilt, anstatt den konkreten Geschehensablauf an dem Erfordernis der
Gefahrenabwehr zu messen. Nach Friauf, der den Adäquanzmaßstab
für die zivilrechtliche Haftung bejaht, wird dieser Maßstab den Bedürf-
nissen des Polizeirechts nicht gerecht, „denn hier müssen nicht selten
Ausnahmesituationen und atypische, in ihrem Kausalverlauf nicht vor-
hersehbare Gefahren abgewehrt werden"[163]. Desgleichen fordert
Wacke[164] im Polizeirecht einen strengeren Haftungsmaßstab als im bürgerlichen Recht und nennt in diesem Zusammenhang den Beispielsfall,
daß ein Fahrzeug infolge eines auf der Straße befindlichen Schlaglochs
bei Dunkelheit umstürzt, welches Ereignis den Fahrer auch dann zum
Handlungsstörer und damit zum Adressaten polizeilicher Maßnahmen
mache, wenn diese Gefahr keineswegs vorherzusehen war.

Von den Gegnern der Adäquanzlehre wird immer wieder die Berücksichtigung der „subjektiven Seite" abgelehnt. Nach Drews/Wacke[165]
bringt die Adäquanz bzw. das Erfordernis der Vorhersehbarkeit ein
„Element der persönlichen Entscheidung in die polizeirechtliche Verantwortlichkeit, das dem Polizeirecht grundsätzlich fremd ist". Hoffmann[166]
kommt zu dem unbegründeten Ergebnis, daß die Adäquanztheorie „auf
ein Verschulden zugeschnitten" sei. Bergmann[167] meint, das Abstellen
auf die persönlichen Kenntnisse und die innere Einstellung des Beurteilers sei mit dem objektiven Polizeirecht nicht vereinbar.

Sieht man einmal davon ab, daß eine subjektiv-adäquate Verursachungslehre heute kaum noch vertreten wird[168], so widersprechen sich
Hoffmann und Bergmann, indem sie die Generalisierung der Adäquanzformel, d. h. ihre Ausrichtung nach dem allgemeinen Erfahrungswissen,
gleichzeitig aber die Einbeziehung der „subjektiven Seite" in das Ur-

---

1965, S. 903), der eine Polizeipflichtigkeit des Fahrzeug-Eigentümers und des
Fahrers verneint.

[162] Art. 9 Anm. 10 PAG.

[163] *Friauf*, Polizei- und Ordnungsrecht, S. 172. Bei dieser Argumentation
bleibt freilich die Tatsache unberücksichtigt, daß Gefahrenabwehr und Poli-
pflichtigkeit zweierlei sind und auf unterschiedlichen gesetzlichen Voraussetzungen beruhen. Die Adäquanztheorie bezieht sich nicht auf die Notwendigkeit polizeilicher Maßnahmen, sie umschreibt nur deren Richtung.

[164] *Wacke*, Zum Begriff der Verursachung im Polizeirecht, DÖV 1960, S. 94.

[165] *Drews/Wacke*, S. 221/222. Wacke betont die grundsätzliche Geltung der
Bedingungslehre im Polizeirecht. Da man auch für Zufälle und Naturereig-
nisse einstehen müsse, gelte eine gewisse Erfolgshaftung. A. A. *Friauf*, aaO.

[166] *Hoffmann*, S. 55.

[167] *Bergmann*, S. 146 ff.

[168] *Drews/Wacke*, S. 221 m. w. N.

teil, kritisieren. Wie Moser[169] zu Recht betont, läßt es sich nicht vermeiden, daß sich der Grad der Wahrscheinlichkeit je nach der Lage
des Blickfeldes und der Persönlichkeit des Beurteilenden ändern kann.
Die Generalisierung wiederum ist ein Merkmal jeder Theorie, soweit
es ihre Funktion ist, vielschichtige und komplizierte Zusammenhänge
mit vereinfachten und anschaulichen Kriterien darzustellen. Zutreffend
weist Wagner[170] anhand von Beispielen darauf hin, daß alle „Abbild-
realismen" irgendwann auf ihre Grenzen stoßen und dann insoweit zur
Erklärung nicht mehr herangezogen werden können.

Auf diese Grenzen weist bereits Traeger[171] hin, dem die Adäquanztheorie ihre entscheidende rechtliche Fundierung verdankt: „Es ge-
winnt nicht selten den Anschein, als solle dieser farblose Ausdruck
‚adäquate Verursachung' zu einem ‚asylium ignorantiae' werden, indem
man vielfach dort, wo man die Ablehnung der Haftung für den verursachten Erfolg nicht anders zu begründen weiß, ohne weiteres den
Kausalzusammenhang als inadäquat bezeichnet, ohne sich im mindesten
darüber Rechenschaft zu geben, was denn unter adäquater und in-
adäquater Verursachung verstanden werden soll."

Beispielhaft für diese von Traeger geschilderte „Ersatzfunktion" der
Adäquanzformel ist ein Urteil des BGH[172] zum Impfschädenrecht. Hier
gelangt das Gericht zu der im Ergebnis billigenswerten Entscheidung,
körperliche Impfschäden seien auch dann als adäquat verursacht anzusehen, wenn derartige Schäden als medizinische Ausnahmeerscheinun-
gen gelten. Diese Entscheidung verdient Zustimmung, weil sie der
normativen Zielsetzung des Impfschädenrechts entspricht, welche im
Ausgleich zwischen dem öffentlichen Interesse, das im Impfzwang seinen Ausdruck findet, und dem individuellen Schutzbedürfnis liegt. Das
Ergebnis scheint hier freilich eher vom Gesichtspunkt der Sozialstaat-
lichkeit getragen[173] als von der Adäquanztheorie, wenn man dem dieser
Lehre wesentlichen Element der Generalisierung der Haftungsbeschränkung auf der Basis der allgemeinen Lebenserfahrung nicht Gewalt antun will. Hier wird um des richtigen Ergebnisses willen dem
Begriff der Adäquanz eine Interpretation verliehen, welche der ursprünglichen Zielsetzung wesensfremd ist.

Auch bei Drews/Wacke[174] geht die Beurteilung der Adäquanz auf eine
rein begriffliche Interpretation zurück. Danach erweist sich die Adäquanztheorie als „für das Polizeirecht unbrauchbar", weil häufig auch

---

[169] *Moser*, S. 189; *Traeger*, Kausalbegriff, S. 118: „Dem einen kann etwas
sehr wahrscheinlich sein, was dem anderen höchst unwahrscheinlich ist."
[170] *Wagner*, Die Theorie in der Rechtswissenschaft, JuS 1963, S. 459.
[171] Traeger, Kausalbegriff, S. 162.
[172] VersR 1959, S. 355.
[173] Vgl. *Kraemer*, NJW 1965, S. 183.
[174] *Drews/Wacke*, S. 224.

adäquate Ursachen nicht geeignet seien, die Polizeipflicht zu begründen. So sei es adäquat und entspreche durchaus der allgemeinen Erfahrung, wenn eine abseits von der Straße oder einem benachbarten Grundstück gelegene Ruine von Nichtbefugten betreten werde und dadurch erhebliche Gefahren entstünden. Gleichwohl sei der Eigentümer nicht polizeipflichtig; es könne nicht von ihm verlangt werden, das Grundstück abzusperren[175].

Hier wird die rechtliche Bewertung eines Verhaltens durch eine zu starre begriffliche Interpretation (adäquat = der allgemeinen Lebenserfahrung entsprechend) ersetzt. Daß es jedoch bei der Adäquanzlehre nicht nur um ein generelles Wahrscheinlichkeitsurteil, sondern auch um die normative Bewertung eines bestimmten Verhaltens geht, formuliert Traeger[176] wie folgt: „Die innere Rechtfertigung der Theorie der adäquaten Verursachung in der hier normierten Fassung dürfte aber darin zu erblicken sein, daß ein Erfolg, dessen objektive Möglichkeit durch eine bestimmte Handlung oder ein sonstiges Ereignis in vorher erkennbarer Weise generell nicht erhöht wird, schlechthin als zufälliger gilt. ...Denn was der einsichtig handelnde Mensch nicht mehr als eine durch sein Handeln wahrscheinlicher gemachte Folge erkennen kann, das kann auch nicht hinterher in rechtliche Beziehung zu seinem Handeln gesetzt werden, obschon sich seine Handlung als conditio sine qua non dieser Folge erweist."

Insoweit übt also die Adäquanztheorie eine Schutzfunktion aus, als sie im Interesse der Wahrung eines individuellen freiheitlichen Bereiches vor rechtlicher Inanspruchnahme bewahrt, solange sich das Verhalten der Rechtsgenossen bei generalisierender Betrachtungsweise als verkehrsgerecht erweist. Hier liegt die Brücke zur Lehre vom sozialadäquaten Verhalten.

§ 12 Die Lehre vom sozialadäquaten Verhalten

I. Das Schrifttum

Eine weitere Verursachungstheorie, die an zivil- und strafrechtliche Kriterien[177] zur Begrenzung von Verantwortlichkeit und Haftung an-

---

[175] OVG Münster AS 5, 185.
[176] *Traeger*, Kausalbegriff, S. 166.
[177] *Nipperdey*, Rechtswidrigkeit, Sozialadäquanz, Schuld im Zivilrecht, NJW 1957, S. 1777 ff.; *Wussow*, Zur Lehre von der Sozialadäquanz, NJW 1958, S. 891. — Nach *Welzel* (Das deutsche Strafrecht, S. 52) ist die Sozialadäquanz „ein allgemeines Auslegungsprinzip, dessen Bedeutung sich keineswegs auf das Strafrecht beschränkt, sondern die ganze Rechtsordnung erfaßt." Als sozialadäquat bezeichnet er Handlungen, „die sich völlig im Rahmen der geschichtlich gewordenen sozialen Ordnung des Lebens bewegen" und von ihr gestattet werden.

knüpft, ist die von Hurst[178] für das Polizeirecht entwickelte Lehre vom
sozialadäquaten Verhalten. Hat diese Lehre im zivil- und strafrechtlichen Bereich ihre Bedeutung im Rahmen von Rechtswidrigkeit und
Schuld, so wird der Sozialadäquanz-Gedanke im Polizeirecht bei der
Bestimmung der Gefahrentendenz des eine Polizeiwidrigkeit bewirkenden Umstandes herangezogen.

Ausgangspunkt ist für Hurst der von Drews/Wacke[179] verwendete
Begriff der polizeilichen „Gefahrengrenze", welche eine Ordnungsfunk-
tion im Hinblick auf die Qualifikation als Störer oder Nichtstörer darstellt. Ist der polizeiwidrige Erfolg das Ergebnis einer durch Ursache
und Wirkung miteinander verbundenen fortlaufenden Reihe von Handlungen, deren erste allein ungefährlich sind, deren letzte die Polizeiwidrigkeit erst existent werden lassen, so sind nach Drews/Wacke ursächlich und damit störend i. S. d. Polizei- und Ordnungsrechts nur
solche Handlungen, „durch welche sozusagen die Gefahrengrenze überschritten wird"[180].

Hurst hingegen sieht das Überschreiten der Gefahrengrenze nicht im
Sinne der Unmittelbarkeitstheorie in derjenigen Bedingung gegeben,
welche als letztes Glied des rein äußerlichen Kausalverlaufs den polizeiwidrigen Erfolg ausgelöst hat, sondern in der „Bewertung des rechtlich
entscheidenden Umstandes als Gefahrenquelle". Hiervon ausgehend gelangt Hurst zu folgendem Maßstab, nach dem die polizei- und ordnungsbehördliche Verantwortlichkeit zu bestimmen sei: „Die Gefahrengrenze
ist dann überschritten, wenn innerhalb einer Gefahrenlage ein Umstand
von der Bedeutung hervortritt, daß das Normalmaß der für eine solche
Umgebung bestehenden Zustände überragt wird[181]."

Unter dem „Normalmaß der bestehenden Zustände" versteht Hurst
den im Straf- und Zivilrecht entwickelten Begriff des sozialadäquaten
Verhaltens. Dabei betont er jedoch, daß die Bewertungsmaßstäbe für
sozialadäquates, d. h. verkehrsgerechtes Verhalten, nicht allgemein-
gültig seien und somit die Haftungsgrundsätze des Zivilrechts nicht
ohne weiteres auf das Polizeirecht übertragen werden können. Die
Typizität menschlichen Verhaltens sei kein selbständiger Begriff; im
Polizeirecht werde diese Typizität von dem „Gedanken des Gleichge-
wichts aller Umstände" bestimmt[182] Unter diesem Gesichtspunkt sei die
der Haftungsursache beigelegte Eigenschaft als „unmittelbare" nicht
mehr im Sinne der zeitlich und räumlich nächsten, sondern im Sinne

---

[178] *Werner Hurst*, Zur Problematik der polizeirechtlichen Handlungshaftung, AöR 1958, S. 43 ff.
[179] *Drews/Wacke*, S. 222/223.
[180] *Drews/Wacke*, S. 228.
[181] *Hurst*, AöR Bd. 83, S. 77.
[182] *Hurst*, S. 80.

der gegenständlich und wesensgemäß der Gefahr nächsten Bedingung zu verstehen[183].

Während Hurst den „Gedanken der Sozialadäquanz als Grundlage polizeirechtlicher Haftung" wertet[184] und diesen mit Hilfe der „Normalmaß-Formel" allgemein und ausschließlich für das Verursachungsproblem im Polizeirecht fruchtbar zu machen sucht, spricht Salzwedel[185] bescheidener von einem „einschränkenden Merkmal". Die Handlung oder pflichtwidrige Unterlassung müsse in sich sozialinadäquat sein, um eine polizeiliche Inanspruchnahme zu rechtfertigen. Ein Verhalten, welches nicht nur allgemein, sondern auch unter den im Einzelfall vorliegenden Umständen als üblich, angemessen sowie vom Bürger her gesehen sinnvoll wie notwendig erscheine, werde nicht dadurch polizeiwidrig, daß es zu einer Gefahrenlage oder Störung der öffentlichen Sicherheit oder Ordnung führe.

Kritisch beurteilt Schnur[186] die Lehre vom sozialadäquaten Verhalten. Die von Hurst entwickelte Konzeption lehnt er als mit dem Wesen der polizeirechtlichen Erfolgshaftung nicht vereinbar ab, soweit sie darauf abziele, die Rechtswidrigkeit eines Verhaltens auszuschließen. Im Polizeirecht komme es nicht auf die rechtliche Qualifizierung der Handlung im ontischen Sinne an; ausschlaggebend sei vielmehr allein die Frage nach dem Wert oder Unwert der *Erfolgs*verursachung. Sozialadäquanz einer Erfolgsverursachung bedeute demzufolge, „daß das Verhalten, aus dem die Ursache des Erfolges kommt, rechtlich gebilligt ist, anders gesagt: die dadurch verursachte Störung kann dem Betreffenden nicht zugerechnet werden"[187].

II. Die Rechtsprechung

Die Lehre vom sozialadäquaten Verhalten lehnt es mit Recht ab, allein auf die Folgen eines Tuns abzustellen. In der Abwägung des einen polizeiwidrigen Erfolg mitbewirkenden Verhaltens mit dem Gemeinverträglichen liegt eine über die Kausalbetrachtung hinausgehende Berücksichtigung der normativen Problematik. Daß es damit allerdings zu einer indirekten — im Polizeirecht nicht erforderlichen — Rechtswidrigkeitsprüfung kommen kann, zeigt das bereits zitierte „Tankstellen-Urteil" des OVG Lüneburg[188]. Das Gericht lehnt die Polizeipflichtigkeit und damit eine Inanspruchnahme des Tankstelleninhabers

---

[183] *Hurst*, S. 81.
[184] *Hurst*, S. 75.
[185] *Salzwedel*, S. 1232/1233.
[186] *Schnur*, Probleme um den Störerbegriff im Polizeirecht, DVBl. 1962, S. 1 ff. (2, 3).
[187] *Schnur*, S. 3.
[188] OVG Lüneburg, AS 14, 396 = DVBl. 59, 475; vgl. oben § 8.

mit folgender Begründung ab: „Daß bestehende Zufahrten heute in viel größerem Umfang als bisher von auf den Kraftverkehr angewiesenen gewerblichen Betrieben in Anspruch genommen werden, macht deren Inhaber noch nicht zum Störer, solange sie und ihre Kraftfahrer bei der Ein- und Ausfahrt zum Grundstück die Vorschriften der StVO beachten oder sonst bei der Ausübung des Gewerbes sich im Rahmen dessen halten, was als mit den Belangen der Gemeinschaft vereinbar und damit ‚sozialadäquat' anzusehen ist. Die in diesem Umfang legitime, d. h. von der Rechts- und Sozialordnung gebilligte Ausübung des in dem Betrieb einer Tankstelle liegenden Gewerbes wird nicht dadurch ordnungswidrig, daß der Straßenverkehr sich gesteigert hat."

Das Gericht bedient sich bei der Verwendung des Begriffes „sozialadäquat" nicht der von Hurst für das Polizeirecht aufgestellten Kriterien; es stellt vielmehr die Nichtrechtswidrigkeit des sich innerhalb der Rechts- und Sozialordnung bewegenden Verhaltens in den Vordergrund. Hier zeigt sich die Problematik der Übernahme von Haftungskriterien aus dem zivil- und strafrechtlichen Bereich in das Polizeirecht, wo es weder auf ein Verschulden noch auf die Rechtswidrigkeit des erfolgverursachenden Verhaltens ankommt. Hurst[189] selbst bemerkt im Anschluß an Peters[190], daß es eine Verpflichtung des Bürgers zu rechtmäßigem Verhalten im Polizeirecht nicht gebe, sondern nur eine Verpflichtbarkeit: der Bürger wird nicht in Anspruch genommen, weil er gegen eine Rechtspflicht verstoßen hat, sondern deshalb, weil ihn die Behörde im Rahmen ihrer Befugnisse heranzieht. Ähnlich definiert der BGH[191] die Polizeipflicht, wobei es sich nicht um die Reaktion der Rechtsordnung auf einen Pflichtverstoß des Individuums handele, sondern um die Realisierung der „objektiven Grenzen der Betätigungsfreiheit". Dieser Gesichtspunkt der „Grundrechtsbezogenheit" der Störung kommt auch im Obdachlosen-Fall des OVG Münster vom 19. 12. 1958[192] zum Ausdruck, wo das Gericht unter Hinweis auf die Ausführungen Hursts eine ordnungsrechtliche Verursachung desjenigen verneint, „der im Rahmen der ihm zustehenden Befugnis sein Eigentumsrecht im sozialüblichen Maß entsprechend seiner Zweckbestimmung ausübt"[193].

Die Möglichkeit rechtmäßiger Eigentumsnutzung, auch wenn dieselbe zu einer Störung der öffentlichen Sicherheit oder Ordnung führt, läßt Samper außer acht, wenn er bemerkt: „Eine durch sozialübliche Nutzung des Eigentums verursachte Störung kann danach (scil. der Sozialadäquanzlehre) dem nutzenden Eigentümer nicht zugerechnet werden,

---

[189] *Hurst*, Problematik, S. 69.
[190] *Peters*, Die Polizeiwidrigkeit und ihre Beziehungen zur Rechtswidrigkeit, Verw.Arch. Bd. 29 (1922), S. 369 ff. (383).
[191] BGH NJW 52, 586 (587).
[192] OVG Münster, DVBl. 1958, S. 473.
[193] Ebd. S. 474.

der nutzende Eigentümer ist danach hier nicht Störer. Denkt man diese Theorie zu Ende, so ergibt sich gar noch so etwas wie ein Recht auf Störung"[194]. Ein solches Recht freilich gewähren die Grundrechte nicht: eine Eigentumsnutzung, die darauf abzielen würde, eine Störung zu verursachen, wäre nicht schutzwürdig; wohl aber können Störungen als Nebenwirkungen schutzwürdiger Grundrechtsausübung auftreten[195].

III. Die Verwertbarkeit des Sozialadäquanzgedankens im Polizeirecht

Daß die Polizeipflicht nicht lediglich eine auf das kausale Grund-Folge-Verhältnis reduzierte Verhaltensnorm darstellt, sondern als eine Funktion im Bezugssystem von Rechts- und Sozialordnung zu sehen ist, hat schon Jerusalem erkannt. Er bezeichnet als polizeirechtlich verantwortlichen Verursacher, „wer sich in seinem Verhalten in Widerspruch zur sozialen Lebensordnung stellt und sie damit stört"[196].

Untersucht man den Sozialadäquanz-Gedanken auf seinen spezifisch polizeirechtlichen Gehalt, so ist zunächst festzustellen, daß er als Maßstab für eine Erfolgsverursachung von einer rein kausalen Betrachtungsweise weit entfernt ist. Die Lehre vom sozialadäquaten Verhalten berücksichtigt, indem sie auf die „Betätigungsfreiheit des Einzelnen"[197] abstellt und die rechtlich relevante Störungsursache nicht allein im äußeren Kausalverlauf sieht, den das Polizeirecht kennzeichnenden Interessengegensatz zwischen dem Sicherheitsbedürfnis der Allgemeinheit und der individuellen Freiheitssphäre.

Auf die für die rechtliche Bewertung entscheidende Frage nach dem Inhalt des Begriffes „sozialadäquat" finden sich allerdings die unterschiedlichsten Aussagen und Interpretationen. Von einer einheitlichen Lehre kann kaum die Rede sein. Während Hurst ausgehend vom Normalmaß der bestehenden Zustände nach der wesensgemäß der Gefahr nächsten Bedingung sucht, ist nach Salzwedel ein Verhalten dann sozialadäquat, wenn es nach den im Einzelfall vorliegenden Umständen üblich und angemessen erscheint. Das OVG Lüneburg definiert als sozialadäquat, was als mit den Belangen der Gemeinschaft vereinbar anzusehen ist. Diese Vielfalt der Bedeutungsinhalte[198] läßt den Begriff

---

[194] *Samper*, Art. 9 Anm. 10 PAG.
[195] Beispiel: ein genehmigter Demonstrationszug behindert den fließenden Verkehr; vgl. auch *Bettermann* (Grenzen der Grundrechte, S. 19), der auf die Wechselwirkung zwischen den Grundrechten sowie der öffentlichen Sicherheit und Ordnung hinweist; im gleichen Sinn: Pr.OVGE 56, 366.
[196] *Jerusalem*, Grundriß des Verwaltungsrechts, S. 59.
[197] *Hurst* (AöR Bd. 83, S. 69) unter Hinweis auf BGHZ 75, 144 (151).
[198] Als zu unbestimmt und überflüssig wird das Kriterium der Sozialadäquanz abgelehnt von *Drews/Wacke* (S. 209) und *Ule/Rasch* (§ 29 Rdnr. 12). In der Tat erschwert die komplizierte Formel die Bestimmung der Störereigenschaft: „Die Gefahrengrenze ist dann überschritten, wenn innerhalb einer

der Sozialadäquanz im Polizeirecht, wo es nicht selten auf eine schnelle und wirksame Gefahrenbekämpfung ankommt, wenig praktikabel erscheinen. Es ist zuzugeben, daß der Lösungsversuch Hursts der spezifisch polizeirechtlichen Problematik insofern Rechnung trägt, als er sich von der vereinfachenden Vorstellung eines bloßen Grund-Folge-Verhältnisses löst. Der Fortschritt dieser Auffassung liegt in der Erkenntnis, daß bestimmte, nämlich sozialadäquate Verhaltensweisen bzw. Eigentumsnutzungen zwar objektiv Störungen hervorrufen können, gleichwohl aber keine polizeiliche Inanspruchnahme zu rechtfertigen brauchen, weil die öffentliche Sicherheit und Ordnung kein absolutes Rechtsgut ist, sondern stets im Zusammenhang mit den Rechten des Einzelnen zu sehen ist. Hier liegt die Brücke zur Rechtswidrigkeitstheorie Schnurs.

Die Konzeption Hursts enthält Elemente der Unmittelbarkeitslehre sowie der Bindingschen Gleichgewichtstheorie[199]. Den Begriff der Unmittelbarkeit im herkömmlichen Sinn hält Hurst jedoch im Hinblick auf den sog. Zweckveranlasser sowie die Konstruktion der „latenten Gefahr", die Einschränkungen des Grundsatzes der Unmittelbarkeit darstellen, für wenig brauchbar. Indes beweisen gerade die Fälle der Zweckveranlassung die Schwäche der Sozialadäquanzlehre. Um in den sog. Reklamefällen auch bei einer sich im Rahmen des Sozialüblichen haltenden und das Normalmaß nicht übersteigenden Werbung gleichwohl zu der rechtspolitisch wirksamen und von der Rechtsprechung zumeist bejahten Inanspruchnahme des ausstellenden Kaufmanns zu gelangen, führt Hurst den wenig sinnvollen Begriff der „gesteigerten Kausalität" ein. Das Verhalten des Zweckveranlassers erscheine „nicht nur im landläufigen Sinne kausal", es bestehe vielmehr ein „unvermeidbarer und zwangsläufiger Kausalnexus"[200]. Diese Hilfskonstruktion zeigt den Mangel der Sozialadäquanz-Lehre im Polizeirecht, der darin liegt, daß polizei- und ordnungsbehördliche Maßnahmen auch von der Intensität der Störung abhängen und sozialübliches Verhalten nicht notwendig eine Inanspruchnahme als Störer ausschließt.

Zwar ist zuzugeben, daß in aller Regel ein sozialadäquates Verhalten nicht störend wirkt und andererseits leicht Gefahrensituationen entstehen, sobald das Maß des Üblichen überschritten wird. Wie die Fälle kumulativer Gefahrenverursachung zeigen, ist diese Folgerung jedoch

---

gefährlichen Lage ein Umstand von der Bedeutung hervortritt, daß er das Normalmaß der für eine solche Umgebung bestehenden Zustände überragt, wobei es gleichgültig ist, ob sich der die Veränderung bedingende — neue — Umstand als Störungsquelle darstellt, oder ob er in einem anderen, bislang völlig ungefährlichen Umstand zu suchen ist, der nunmehr in der neuen Beziehung zur Umwelt als rechtlich relevante Bedingung angesehen werden muß" (*Hurst*, AöR Bd. 83, S. 77, 78).
[199] *W. Hurst*, AöR Bd. 83, S. 80, 81.
[200] Ebd., S. 87.

nicht zwingend. Das Überschreiten des Normalmaßes ist daher nicht mehr als ein Indiz für die Störereigenschaft. Die Ausrichtung der Polizeipflichtigkeit an der Sozialadäquanz ist nur ein Gesichtspunkt der Zurechnung, der die Berücksichtigung anderer im Einzelfall maßgeblicher Zurechnungskriterien nicht von vornherein zu ersetzen vermag[201].

Der Begriff der Sozialadäquanz hat bei der Frage nach der Pflichtigkeit im Polizei- und Ordnungsrecht bei weitem nicht die Bedeutung erlangt wie im zivil- und strafrechtlichen Bereich. Gleichwohl ist ihm eine Korrektiv-Funktion auch im öffentlichen Recht nicht abzusprechen, da auch die Normen, die „nach den jeweils herrschenden ethischen und sozialen Anschauungen als Vorbedingung gedeihlicher Koexistenz und als Grundlage des Gemeinschaftslebens gelten, ungeschriebene Bestandteile der Rechtsordnung" darstellen[202].

§ 13 Die Rechtswidrigkeits-Theorie

Ein auf den ersten Blick brauchbar erscheinender Einschränkungsversuch liegt darin, Anordnungen gegen den Störer von der Rechtswidrigkeit des den polizeiwidrigen Erfolg bewirkenden Verhaltens abhängig zu machen. Während im allgemeinen[203] die Rechtswidrigkeit nicht als Voraussetzung der Polizeipflichtigkeit gilt, unternimmt Schnur[204] in seiner eingehenden Untersuchung zum Störerbegriff den Versuch, die polizeirechtliche Verantwortlichkeit für eine Störung der öffentlichen Sicherheit oder Ordnung an die Rechtswidrigkeit der Erfolgsverursachung zu knüpfen.

I. Der Inhalt der Lehre

Im Anschluß an Peters[205] unterscheidet Schnur zwischen der Störung als Eingriffstatbestand, der die Polizei- bzw. Ordnungsbehörden zum Einschreiten berechtige, und der Verantwortlichkeit. Die Polizeiwidrigkeit sei ohne Bezug auf den dafür Haftenden zu sehen, sie sei lediglich Anlaß für Maßnahmen zur Wiederherstellung der öffentlichen Sicher-

---

[201] So auch *Vogel* (JuS 1961, S. 92). Danach ist in den Fällen mehrfacher Störungsverursachung nicht die zeitliche Priorität entscheidend. „In Fällen dieser Art ist die Auswahl unter den verschiedenen Ursachen jeweils eine Wertungsfrage; für die Abwägung kann dabei der Gedanke der sozialen Adäquanz eine Rolle spielen."

[202] *Hans J. Wolff* in VVDStRL Heft 9, S. 162.

[203] *Drews/Wacke*, S. 209 mit Nachweisen. Ausnahmen gehen zumeist auf eine Vermengung der Begriffe Rechtswidrigkeit und Polizeiwidrigkeit zurück, so z. B. bei *Bock*, S. 26, der die Polizeiwidrigkeit „als unter dem Gesichtspunkt des Polizeirechts gesehene Rechtswidrigkeit" umschreibt.

[204] DVBl. 1962, S. 1 ff.

[205] VerwArch. Bd. 29, S. 369.

heit und Ordnung. Davon sei die Frage scharf zu trennen, wer für diese Störung einzutreten habe. Schnur entwickelt seine Theorie aus dem Sozialadäquanzgedanken Hursts. Dieser habe bei der Suche nach brauchbaren Kriterien bereits auf die „Widrigkeit" des Verhaltens als Zurechnungsgrund hingewiesen. Diese Widrigkeit sei aber nichts anderes als die Rechtswidrigkeit. Bei der Beurteilung der Rechtswidrigkeit unterscheidet Schnur zwischen der „Handlung im ontischen Sinne" und der Verursachung bestimmter Erfolge. Die von ihm entwickelte These lautet:

> „Die adäquate Verursachung einer Störung soll deshalb zugerechnet werden und damit die Störerverantwortlichkeit begründen, weil der Betreffende sich nicht dem Recht gemäß verhalten hat. Weil er sich rechtswidrig verhalten und eine Störung verursacht hat, darf ihn die Polizei als Störer in Anspruch nehmen[206]."

Schnur geht ähnlich wie die Sozialadäquanzlehre von der bereits in der Rechtsprechung des Preuß. OVG[207] vertretenen Prämisse aus, wonach nicht jede adäquat verursachte Störung ihrem Urheber zugerechnet werden kann. Im Gegensatz zu Hurst kommt es für Schnur nicht auf die einzelne Handlung an; entscheidend für die Verantwortlichkeit sei vielmehr, daß der Störer in die Schranken seines Rechts zurückverwiesen werde. Das bedeute, daß er mit seinem Verhalten Rechtsvorschriften verletzt haben müsse, die sich an ihn wenden. Bleibe der Bürger innerhalb seines „Rechtskreises" und verursache er dennoch eine Störung, so dürfe ihn die Polizei nicht als Störer, sondern allenfalls als Nichtstörer gegen Entschädigung in Anspruch nehmen[208]. Der eigene Rechtskreis werde zunächst durch die Grundrechte begrenzt, insbesondere durch die in Art. 2 Abs. 1 GG verbürgte allgemeine Handlungsfreiheit sowie das Eigentumsrecht des Art. 14 GG und den Gemeingebrauch an öffentlichen Sachen. So bleibe, wer auf seinem Grundstück Bäume anpflanze, die später infolge der Sichtbehinderung den Verkehr auf den benachbarten Straßen beeinträchtigten, innerhalb seines Rechtskreises, „weil ihm das Anpflanzen vom Eigentumsrecht nicht untersagt ist und daher nicht gegen die öffentliche Ordnung verstößt, obwohl er eine Störung auf der Straße verursacht." Wer dagegen unzulässige Immissionen hervorbringe, überschreite die Grenzen seines Eigentumsrechts und könne, wenn dadurch die öffentliche Sicherheit oder Ordnung gefährdet werde, in Anspruch genommen werden[209].

Schnur löst somit die Frage nach der Polizeipflicht nicht über eine Konkretisierung des Verursachungsbegriffs; die adäquate Verursachung

---

[206] *Schnur,* DVBl. 1962, S. 3.
[207] z. B. PrOVGE 56, 366.
[208] *Schnur,* DVBl. 1962, S. 3.
[209] Ebd., S. 5.

ist für ihn nur die conditio sine qua non, zu der das „Überschreiten des Rechtskreises" hinzutreten muß, um die Störer-Verantwortlichkeit zu begründen. Gegen diese Auffassung, die das entscheidende Kriterium der polizeirechtlichen Verantwortlichkeit darin sieht, daß die Störung unter Verstoß gegen eine Norm verursacht sein muß, bestehen in mehrfacher Hinsicht erhebliche Bedenken.

II. Polizeiwidrigkeit und Rechtswidrigkeit

Zunächst drängt sich die Frage nach dem Verhältnis von Polizeiwidrigkeit und Rechtswidrigkeit auf. Beide Begriffe werden gelegentlich in ihrer Funktion gleichgesetzt. So definiert Bock[210] die Polizeiwidrigkeit als „spezielle Rechtswidrigkeit". Ausgehend vom Zivil- und Strafrecht folgert Bock: „Dementsprechend wird auch im Polizeirecht grundsätzlich jedes menschliche Verhalten als rechtswidrig = polizeiwidrig anzusehen sein, das einen polizeiwidrigen Zustand ... verursacht. Die Polizeiwidrigkeit selbst wird demgemäß als unter dem Gesichtspunkt des Polizeirechts gesehene Rechtswidrigkeit umschrieben werden können." Auch Hoffmann[211] sieht die Polizeiwidrigkeit als eine Unterart der Rechtswidrigkeit, wenn er in Anlehnung an strafrechtliche Kriterien schreibt: „Die Tatbestandsmäßigkeit der Verursachung eines polizeiwidrigen Zustandes ist ein wichtiges Indiz für deren Polizeiwidrigkeit."

Der Gedanke Schnurs von der Rechtswidrigkeit des Verhaltens als Zurechnungsgrund ist somit nicht neu. Ihre besondere Ausprägung erhält diese Lehre erst durch den Versuch, den Störerbegriff mittels der Konstruktion von Rechtskreisen aus dem Spannungsverhältnis von individueller Freiheit und öffentlicher Ordnung zu deduzieren.

In dem synonymen Gebrauch der Begriffe Rechts- und Polizeiwidrigkeit liegt eine Verkennung ihrer unterschiedlichen Funktion: im Straf- und Zivilrecht ist die Rechtswidrigkeit ein Unwerturteil, das zum Eintritt der Rechtsfolge grundsätzlich erforderlich ist, in Ausnahmefällen dagegen durch Rechtfertigungsgründe durchbrochen wird. Der Begriff der Polizeiwidrigkeit hingegen kennt nicht das Ergänzungsverhältnis von Tatbestand und Ausnahmeregeln; er wird — bedingt durch den Gedanken der Gefahrenabwehr — erfolgsbezogener interpretiert. Peters[212] definiert die Polizeiwidrigkeit als „dasjenige Merkmal von Zuständen, Handlungen und Ereignissen, auf Grund dessen irgendeine

[210] Kausalität, S. 26/27.

[211] Der Verursacher, S. 83.

[212] Die Polizeiwidrigkeit und ihre Beziehungen zur Rechtswidrigkeit, VerwArch. 29 (1922), S. 379. Zum Verhältnis von Polizeiwidrigkeit und Rechtswidrigkeit siehe auch *Rupp*, Grundfragen der heutigen Verwaltungsrechtslehre, S. 229 Anm. 405.

Art der Polizei nach dem positiven Recht, wie es die Praxis aus den Gesetzen ableitet, zum Einschreiten berechtigt ist"[213].

Schon das Fehlen von Rechtfertigungsgründen im Polizeirecht macht deutlich, daß die Polizeiwidrigkeit weder eine besondere Art der Rechtswidrigkeit ist noch daß die Begriffe „polizeiwidrig" und „rechtswidrig" gleichwertig sind[214]. Damit ist freilich noch nicht die Frage beantwortet, welche Bedeutung der Rechtswidrigkeit im Polizeirecht zukommt, insbesondere, ob sie als Voraussetzung für polizeiliche Maßnahmen gegen den Störer gelten kann.

Nach Schnur wird eine adäquat verursachte Störung deshalb zugerechnet, weil der Betreffende seinen Rechtskreis überschritten und sich deshalb rechtswidrig verhalten hat. Die Rechtswidrigkeit ist für Schnur gleichzeitig die ratio legis für die Entschädigungslosigkeit bei Anordnungen gegen den Störer: „Er erhält keine Entschädigung, weil er sich außerhalb seines Rechts bewegt hat[215]."

Läßt sich ein solcher Schluß mit den Wertungen des geltenden Rechts vereinbaren? Ist insbesondere der Verstoß gegen eine Rechtsnorm stets erforderlich, um die polizeirechtliche Verantwortlichkeit zu begründen? Zwar wird nicht selten — insbesondere bei Störungen der öffentlichen Sicherheit — gegen die geltenden Gesetze verstoßen und damit rechtswidrig gehandelt. Dagegen hat die weitgehende inhaltliche Unbestimmtheit, die dem Begriff der öffentlichen Ordnung anhaftet, zur Folge, daß die Polizeipflicht mit dem Kriterium „rechtswidriges Verhalten" nicht hinreichend begründet werden kann.

III. Rechtswidrigkeit und öffentliche Ordnung

In diesem Zusammenhang erscheint es angezeigt, näher auf den rechtlichen Gehalt des Begriffes „öffentliche Ordnung" und seine Funktion im Polizeirecht einzugehen. Gerade an diesem neben der öffentlichen Sicherheit zentralen Begriff des allgemeinen Polizeirechts erweist sich die Rechtswidrigkeit als fragwürdiges Kriterium zur Begrenzung der polizeirechtlichen Verantwortlichkeit.

---

[213] So kann z. B. entgegen der Behauptung von *Schnur* (S. 4) sehr wohl gegen die öffentliche Ordnung verstoßen, was vom Nachbarrecht her gestattet ist, denn die nachbarrechtlichen Vorschriften werden vom privatrechtlichen Gedanken des Interessenausgleichs, nicht vom öffentlich-rechtlichen Grundsatz der Gefahrenabwehr beherrscht. Vgl. hierzu auch OVG Münster, Urt. v. 12. 2. 1968 = NJW 1968, S. 1945.
[214] *Peters*, Polizeiwidrigkeit, S. 400: „Stets ist jedenfalls daran festzuhalten, daß Polizeiwidrigkeit und Rechtswidrigkeit grundverschieden und voneinander zu trennen sind."
[215] *Schnur*, DVBl. 1962, S. 3.

1. Rechtlicher Gehalt des Begriffes „öffentliche Ordnung"

Der Begriff der öffentlichen Ordnung ist in den Polizeigesetzen ebenso wenig definiert wie der Begriff der öffentlichen Sicherheit. Als unbestimmter Gesetzesbegriff[216] ist er dadurch gekennzeichnet, daß sein materieller Gehalt der Konkretisierung bedarf. Gegenüber dem Bereich der öffentlichen Sicherheit, der im wesentlichen die positiven Rechtsnormen umfaßt, ist der Begriff der öffentlichen Ordnung komplexer und weit schwieriger zu fassen, insofern er jenen Bereich von Verhaltensweisen bzw. Zuständen darstellt, der nicht durch positive Normen abgegrenzt, aber gleichwohl durch allgemein anerkannte Anforderungen an das menschliche Wohlverhalten gekennzeichnet ist[217].

Der Rechtsbegriff der „öffentlichen Sicherheit und Ordnung" wird in Anlehnung an die vor allem im preußischen Polizeirecht entwickelte Tradition bestimmt. Die Definitionen der amtlichen Begründung zu § 14 prPVG[218] gelten auch heute noch als repräsentativ[219]. Danach bedeutet Aufrechterhaltung der öffentlichen Sicherheit den „Schutz vor Schäden, die entweder den Bestand des Staates oder seiner Einrichtungen oder das Leben, die Gesundheit, Freiheit, Ehre oder das Vermögen des einzelnen bedrohen"; öffentliche Ordnung bezeichnet „den Inbegriff der Normen, deren Befolgung nach den jeweils herrschenden sozialen und ethischen Anschauungen als unentbehrliche Voraussetzung für ein gedeihliches Miteinanderleben" angesehen wird[220]. Nach Peters[221] gehören hierzu „alle die nicht in der Rechtsordnung festgelegten Normen, die für . . . das Zusammenleben in der Gemeinschaft unentbehrlich sind". Hatscheck[222] vergleicht die Normen der öffentlichen Ordnung mit einem Sittenkodex.

Nach überwiegender Auffassung sind die Regeln der öffentlichen Ordnung nicht als Rechtsnormen, d. h. als verbindliche Vorschriften für

---

[216] *Hans Klein*, DVBl. 1971, S. 233; *Samper*, Art. 2 PAG Rdnr. 12; *Senger/Kurzmann*, S. 40; *Drews/Wacke*, S. 73: „relativer Blankettbegriff".

[217] Vgl. auch den nach Abschluß dieser Arbeit erschienenen Beitrag von *Achterberg* „Öffentliche Ordnung im pluralistischen Staat" (Festschrift Scupin, S. 9 ff.), wonach sich der Begriff der öffentlichen Ordnung im gegenwärtigen Polizei- und Ordnungsrecht als entbehrlich erweist.

[218] *Friedrichs*, Pr.PVG § 14, Anm. 20, 22.

[219] *Friauf*, Polizei- u. Ordnungsrecht, S. 159 m. w. N.; *Scupin*, Das Polizeirecht in der Bundesrepublik Deutschland, S. 613 f.

[220] Nach einem Teil der Autoren (z. B. *Friauf*, Polizei- und Ordnungsrecht, S. 161) unterscheidet sich der Begriff der öffentlichen Ordnung von dem der öffentlichen Sicherheit dadurch, daß darunter nur der Schutz vor der Verletzung ungeschriebener Regeln fällt. Andere (*Drews/Wacke*, S. 74; *Samper*, PAG Art. 2 Nr. 13; *Wolff*. VerwR III, § 125 III a 2) halten eine Überschneidung beider Begriffe für möglich.

[221] Lehrbuch der Verwaltung, S. 377 ff.

[222] Lehrbuch des deutschen Verwaltungsrechts, S. 125.

künftiges Verhalten zu qualifizieren[223]. Sie werden erst dadurch rechtsverbindlich, daß sie als Bestandteile des Normenkomplexes „öffentliche Ordnung" unter der Sanktion polizeilichen bzw. ordnungsbehördlichen Einschreitens stehen. Der Inhalt der öffentlichen Ordnung reicht somit über den Begriff der rechtlichen Ordnung hinaus und deckt sich nicht mit ihm[224].

Die gelegentlich für diese ungeschriebenen Regeln verwendete Bezeichnung „Wertvorstellungen"[225] ist freilich zu unverbindlich und wird der inhaltlichen Bedeutung des komplexen Begriffes öffentliche Ordnung nicht gerecht. Die Wertvorstellungen sind nicht mit den sog. Ordnungsnormen[226] gleichzusetzen, sie stellen vielmehr die Grundlage für deren Beurteilung dar. Dabei ist kennzeichnend, daß diese Wertvorstellungen nicht konstant, sondern zeitlichen und örtlichen Veränderungen unterworfen sind[227].

2. Funktion des Begriffes „öffentliche Ordnung" im Rahmen der Gefahrenabwehr

Nicht nur bei Gesetzesübertretungen, auch bei Verstößen gegen die ungeschriebenen Ordnungsnormen müssen die Polizei- und Ordnungsbehörden neben der Möglichkeit zur allgemeinen Gefahrenabwehr auch die Befugnis haben, gegen den dafür Verantwortlichen vorzugehen[228]. Diese Verantwortlichkeit aber kann sinnvollerweise nur als Pflicht zur Beachtung *aller* dem Begriff der öffentlichen Sicherheit und Ordnung unterfallenden Normen — auch der ungeschriebenen Ordnungsnormen — aufgefaßt werden. Das Kriterium des rechtswidrigen Verhaltens aber ist, da nur auf positive Rechtsnormen anwendbar, gerade für diesen Bereich der Gefahrenabwehr nicht geeignet, den Störer vom Nichtstörer zu unterscheiden.

---

[223] *Ule/Rasch,* § 14 prPVG, Anm. 11; *Friauf,* S. 161; *Götz,* S. 42; VerwG Freiburg, Bad.-Württ. VerwBl. 1964, S. 187; nicht eindeutig *Drews/Wacke:* „Die Normen der öffentlichen Ordnung sind ausschließlich öffentlichrechtlicher Art."

[224] *Häberle,* Öffentliches Interesse als juristisches Problem, S. 578; *H. Klein,* S. 235. Nach *Achterberg* (S. 41) kommt es bei dem Schutzobjekt polizeilichen Handelns nicht auf die Bezeichnung, sondern allein darauf an, „daß die jenen Bereich konstituierenden Normen nur solche der Rechtsordnung, nicht aber einer wie auch immer gearteten außerrechtlichen Ordnung sein können."

[225] *Ule/Rasch,* § 14 pr.PVG, Anm. 12, 14; *Friauf,* S. 161. Der Begriff öffentliche Ordnung an sich ist wertneutral. *Peters* (VerwR, S. 377) weist darauf hin, die öffentliche Ordnung ermögliche eine Anpassung des Rechts an verschiedene Staats- und Lebensformen. Vgl. auch Pr.OVG 91, 136.

[226] *Drews/Wacke,* S. 76; VGH Stuttgart = VerwRspr. 9, 50.

[227] Die zeitliche Veränderlichkeit, aber auch die Gefahr einer mißbräuchlichen Anwendung wird deutlich, wenn man bedenkt, daß um die Jahrhundertwende die Aufführung von Werken Gerhart Hauptmanns und Sudermanns wegen Störung der öffentlichen Ordnung verboten wurde.

[228] VGH Stuttgart = VerwRspr. Bd. 9, 50: „Zur Erhaltung der öffentlichen Ordnung muß sich jeder Staatsbürger um der anderen willen gewisse Be-

Rechtswidrig, „dem Recht zuwider", ist dasjenige Verhalten, das im Widerspruch steht zum Befehl einer Rechtsnorm[229]. Die Verletzung der öffentlichen Ordnung im normativen Sinn kann nur erfolgen durch Übertretung einer positiven oder einer ungeschriebenen Norm[230] des Normenkomplexes „öffentliche Ordnung". Nun stellt dieser Sammelbegriff aber selbst positives Recht dar; jeder Verstoß gegen die öffentliche Ordnung ist somit im obigen Sinne rechtswidrig. Das Kriterium der Rechtswidrigkeit hätte daher — soweit es um die Frage der Zurechnung einer Störung geht — nur dann einen Sinn, wenn gleichzeitig vorausgesetzt würde, daß ein Verhalten *neben* der durch den Verstoß gegen die öffentliche Ordnung bewirkten Rechtswidrigkeit bereits in anderer Hinsicht rechtswidrig ist, d. h. gegen eine spezielle Rechtsnorm verstößt. Das ist jedoch, soweit es um den Bereich der öffentlichen Ordnung geht, keineswegs immer der Fall. Eine Gefahr oder Störung wird zwar nicht selten von Verstößen gegen Rechtssätze begleitet sein (z. B. eine Gefährdung der Sicherheit und Leichtigkeit des Verkehrs); die öffentliche Ordnung erschöpft sich jedoch — wie oben dargelegt — nicht in Rechtsvorschriften. Mit dem unbestimmten Gesetzesbegriff „öffentliche Ordnung" sollen vielmehr Tatbestände erfaßt werden, die gesetzlich nicht fixiert und wegen ihrer Vielfalt auch nicht fixierbar sind.

Der Begriff „öffentliche Ordnung" hat vorwiegend eine Präventivfunktion, ist dem Bereich positiver Rechtsnormen vorgelagert und hat zum Ziele, gleichsam durch Vorwarnung Verstöße gegen diese Normen überhaupt zu verhindern. Eine Beschränkung der polizeirechtlichen Verantwortlichkeit auf rechtswidrige Verhaltensweisen stünde somit im Widerspruch zu dem Zweck, der mit der Aufnahme des unbestimmten Gesetzesbegriffes in die Polizeigesetze verfolgt wurde.

IV. Rechtswidrigkeit und Grundrechtsschranken

Nach Schnur ist nur derjenige als Störer verantwortlich, „der seinen Rechtskreis überschreitet"[231]. Bleibe jemand innerhalb seines Rechts und verursache er dennoch eine Störung, so könne ihn die Polizei nicht

---

schränkungen auferlegen und manches tun oder unterlassen, auch wenn es nicht durch spezielle Rechtsvorschriften von ihm gefordert wird."

[229] Vgl. *Horn*, Untersuchungen zur Struktur der Rechtswidrigkeit, insbes. S. 20 ff.

[230] Der Rechtscharakter dieser Regeln wird unterschiedlich beurteilt: *Drews/Wacke* (S. 74) bezeichnen sie als Normen öffentlich-rechtlicher Art; nach *Friauf* (Polizei- und Ordnungsrecht, S. 161) sowie *Ule/Rasch* (S. 450) handelt es sich nicht um Rechtsnormen, sondern um Wertvorstellungen. Für die hier anzustellende Untersuchung ist der Streit ohne Bedeutung, denn beide Ansichten stimmen darin überein, daß es sich bei den Regeln der öffentlichen Ordnung um rechtlich relevante Regeln handelt.

[231] *Schnur*, DVBl. 1962, S. 3.

als Störer belangen. Das erste Recht, das den Rechtskreis des Bürgers
ausmache, sei „das Grundrecht, das allgemeine Recht"[232], zu dessen immanenten Schranken auch die öffentliche Sicherheit und Ordnung zu
rechnen sei.

Grundlage dieser These ist die begriffliche Unterscheidung und Ge-
geneinandersetzung von grundrechtlich geschütztem Rechtskreis des
Bürgers auf der einen sowie dem Rechtsgut der öffentlichen Sicherheit
und Ordnung auf der anderen Seite. Mit Hilfe einer solchen Unterscheidung läßt sich logisch einwandfrei vertreten, daß die Polizei einen
Bürger nur dann als Störer in Anspruch nehmen kann, wenn dieser
mit seinem Verhalten diejenigen Vorschriften, die die öffentliche
Sicherheit und Ordnung ausmachen, verletzt und damit die Schranken
seines Rechtskreises überschritten hat.

Es erscheint jedoch mehr als fraglich, ob diese auf einem überholten
Schrankendenken beruhende Trennung von individuellem Rechtskreis
und dem Bereich der öffentlichen Sicherheit und Ordnung sachlich begründet ist. Sie muß, will sie mehr sein als ein rein technisch-hypothe-
tischer Kunstgriff, einer rechtlich faßbaren Lebenswirklichkeit entsprechen. Das aber ist bei dem von Schnur entwickelten Rechtskreismodell
nicht der Fall. Auch wenn man die gelegentlich in Rechtsprechung und
Schrifttum verwendete Formulierung[233] von der „Zurückweisung des
Störers in die Schranken seines Rechts" übernimmt, darf man nicht
verkennen, daß das Bild eines von Schranken begrenzten Rechtskreises
eher geeignet ist, die Sicht auf das komplexe Verhältnis der Grundrechte zur öffentlichen Sicherheit und Ordnung zu versperren.

Wenn Schnur von den „bereits durch das Grundrecht festgelegten
Grenzen"[234] spricht, so verkennt er, daß die Beziehung Grundrechte —
öffentliche Ordnung höchst differenziert und kein bloßes Gegeneinander
ist. Es besteht eine Wechselwirkung zwischen den Grundrechten und
der öffentlichen Sicherheit und Ordnung derart, daß diese die Grundrechte begrenzen, die Grundrechte ihrerseits wiederum die Auffassung
über die Verhaltensweisen beeinflussen, die als Voraussetzung eines
geordneten Miteinander gelten[235]. Man mag anerkennen, daß „sich der
Bürger nur dann in den Schranken seines Rechts bewegt, wenn er nicht

---

[232] Schnur entwickelt seine These ausgehend von dem in Art. 2 Abs. 1 GG
verankerten Grundrecht der allgemeinen Handlungsfreiheit, dessen immanente Schranken in entsprechender Transponierung auch auf die anderen
Grundrechte anzuwenden seien.

[233] Vgl. BGHZ 17,38; *Franzen*, S. 239; *Maunz/Dürig/Herzog*, Art. 2 GG Rdnr.
82.

[234] *Schnur*, DVBl., 1962, S. 3.

[235] Zu dem vielschichtigen Problem der Grundrechts-Begrenzung vgl.
Maunz/Dürig/Herzog, Art. 5 GG Rdnr. 249; *Bettermann*, Grenzen der Grundrechte, insbes. S. 19; *Quaritsch*, Eigentum und Polizei, DVBl. 1959, S. 455 ff.

gegen die öffentliche Sicherheit oder Ordnung verstößt"[236]. Dieser Satz ist unabhängig von Art und Umfang der in einer Rechtsgemeinschaft gegebenen Freiheitsgarantien von axiomatischer Richtigkeit. Gleichwohl ist mit einer solchen Feststellung für eine Abgrenzung der Polizeipflicht im Einzelfall wenig oder nichts gewonnen. Das Begriffspaar öffentliche Sicherheit und Ordnung hat — wie oben dargelegt — in erheblichem Umfang weiterverweisende Funktion[237]. Wenn nun bei Konkretisierung dessen, was öffentliche Sicherheit und Ordnung fordern, dem menschlichen Verhalten keine neuen Schranken gesetzt werden, sondern der Adressat auf bereits bestehende allgemeine Verhaltensnormen hingewiesen wird, so stellt sich die Frage, wie sich diese „über die Grenzen des geltenden positiven öffentlichen oder zivilen Rechts hinaus geltenden Regeln des gesellschaftlichen Zusammenlebens"[238] systematisch zu den Grundrechten, insbesondere zu den vorbehaltlosen Grundrechten, verhalten.

Die Methode Schnurs, mit der Konkretisierung der immanenten Grundrechtsschranken bei der allgemeinen Handlungsfreiheit des Art. 2 Abs. 1 GG zu beginnen, bietet für einen differenzierten dogmatischen Lösungsversuch Steine statt Brot. Wenn nach Schnur die Polizei den Bürger „in die bereits durch das Grundrecht festgelegten Grenzen zurückverweist"[239], so beruht diese Feststellung auf der irrigen Vorstellung von den immanenten Grundrechtsschranken als einer aus dem jeweiligen Grundrecht selbst zu entnehmenden feststehenden und unverrückbaren Größe[240].

In der Rechtsprechung fehlen ausdrücklich Auseinandersetzungen mit der Frage nach der Herleitung der Grundrechtsschranken. Die Diskussionen im Schrifttum, ob gewisse Grundrechtsgrenzen als „immanent" oder „inhärent" anzusprechen seien[241], erscheinen wenig frucht-

---

[236] *Schnur*, DVBl. 1962, S. 4.
[237] *Schnur*, a.a.O., spricht von „Vorschriften, die die öffentliche Ordnung ausmachen".
[238] BVerwG, Urt. v. 26. 2. 1970 = DVBl. 1970, S. 504.
[239] *Schnur*, DVBl. 1962, S. 3.
[240] Vgl. auch die Ausführungen *Schnurs* auf der Staatsrechtslehrertagung 1963 (VVDStRL Bd. 22, S. 101 ff.) gegen diejenigen Stimmen, die von einer Inhaltsbestimmung bzw. Determinierung der Grundrechte sprechen. Diese ablehnende Stellungnahme von Schnur steht im Widerspruch zu dem grundrechtlichen Leitbild, das als etwas Vorgeformtes begriffen werden muß, an dem sich erst die Vorbehalts- oder Schrankengesetzgebung orientieren soll. Gegen das überkommene Schrankendenken haben insbesondere *Klein* (v. Mangoldt/Klein, Vorbem. B XV 1 b, S. 122) und *Häberle* (Wesensgehaltsgarantie, S. 126 ff.) Position bezogen.
[241] So die Mehrheit der Autoren, vgl. statt vieler *Dürig*, Art. 2 GG und die Generalermächtigung zu allgemeinen polizeilichen Maßnahmen, AöR Bd. 79 (1954), S. 57 ff. (80); kritisch zur Immanzlehre *Häberle*, Öffentliches Interesse, S. 300 ff., 436; *Eike v. Hippel*, Grenzen und Wesensgehalt der Grundrechte, S. 14 ff.; *Herbert Krüger*, Der Wesensgehalt der Grundrechte im Sinne des Art. 19 GG in DÖV 1955, S. 597 ff.

bar. Die Begriffe sind als solche kaum glücklich gewählt, da sie zu fal-
schen Schlußfolgerungen verleiten: nämlich zur Annahme von Schranken, die einem bestimmten Grundrecht „seiner Natur nach innewoh-
nen"[242] oder die ausschließlich seiner geschichtlich-soziologischen Her-
kunft zu entnehmen sind[243].

Die Grundrechte haben als Rechtsnormen an der „Gegenseitigkeit",
der „Wechselwirkung"[244] allen Rechts teil; sie setzen einen bestimmten
Komplex zwischenmenschlicher Kommunikation voraus und können
daher unter keinen Umständen uneingeschränkt absolut in Anspruch
genommen werden[245]. Wie aber die Grenzen im Einzelfall zu ziehen
sind, muß letztlich wiederum der Verfassung entnommen werden. Denn
„wie die grundrechtlichen Freiheitsgewährleistungen durch die Verfassung begründet werden, so können auch die Grenzen dieser Gewähr-
leistungen ihre Grundlage allein in der Verfassung finden"[246]. Die Anwendung der Schrankentheorie birgt die Gefahr, daß das komplexe
Verhältnis zwischen den Grundrechten und der öffentlichen Sicherheit
und Ordnung — insbesondere beim Eigentumsrecht des Art. 14 GG im
Rahmen der Zustandspflichtigkeit — auf allgemeine Aussagen wie diese
reduziert wird: „Wer unzulässige Immissionen hervorbringt, überschreitet die Grenzen seines Eigentumsrechts und darf, wenn dadurch
auch die öffentliche Sicherheit oder Ordnung gestört wird, als Störer in
Anspruch genommen werden[247]."

Wie Schnur selbst betont, ist auch die Eigentumsfreiheit wie sämtliche Grundrechte nur im Rahmen der allgemeinen Gesetze garantiert.
Entscheidend ist jedoch, daß sich die Grenzen, die der Ausübung der
einzelnen Grundrechte durch die allgemeinen Gesetze gezogen sind,
nicht generell abstrakt, sondern nur unter Berücksichtigung der Eigenart des jeweiligen Grundrechts bestimmen lassen[248]. Dies verkennt
Schnur, wenn er meint, daß die dem Grundrecht des Art. 2 Abs. 1 GG
immanenten Schranken in entsprechender Transponierung auch für die
anderen Grundrechte gelten[249]. So lassen sich die Grenzen der allgemeinen Handlungsfreiheit des Art. 2 Abs. 1 GG nicht generell auf die

---

[242] BGHZ 12, 197 ff. (203).

[243] Vgl. *Scheuner*, Die institutionellen Garantien des Grundgesetzes, Recht-
Staat-Wirtschaft, Bd. IV (1953), S. 88 ff. (99).

[244] *Bettermann*, Grenzen der Grundrechte, S. 19.

[245] Zur Kommunikationsfunktion der Grundrechte vgl. *Niklas Luhmann*,
Grundrechte als Institutionen, 1965.

[246] *Hesse*, Grundzüge des Verfassungsrechts, S. 129.

[247] *Schnur*, DVBl. 1962, S. 5.

[248] Zu den dabei auftauchenden schwierigen Problemen der Grundrechts-
interpretation und -abgrenzung vgl. *Herzog* in Maunz/Dürig/Herzog, GG Art.
5, Rdnr. 244-267.

[249] *Schnur* DVBl. 1962, S. 4.

Versammlungsfreiheit oder andere Grundrechte übertragen[250]. Ein solches allgemeines Schrankensystem verkennt die funktionelle und historische Eigenart sowie den unterschiedlichen Wertgehalt der einzelnen Grundrechtsgarantien. Trotz des inneren Zusammenhangs einzelner Grundrechte bilden diese kein lückenloses und geschlossenes System[251].

Zusammengefaßt bleibt festzustellen: Die Lehre von der rechtswidrigen Erfolgsverursachung durch Überschreiten der grundrechtlich vorgegebenen Rechtsschranken ist insofern ein Fortschritt, als sie die Frage nach der Polizeipflichtigkeit des Störers nicht als ein Problem der Kausalität oder Verursachung begreift, sondern den normativen Aspekt des Spannungsverhältnisses zwischen dem Einzelnen und der Gemeinschaft in den Vordergrund stellt.

Dabei führt aber das von Schnur verwendete Modell von der Zurückverweisung des Störers in die Schranken seines Rechtskreises nur in den Fällen zu befriedigenden Ergebnissen, in denen ein Einschreiten der Polizei bzw. Ordnungsbehörden sich auf ein rechtswidriges Verhalten des Störers stützen kann. Das ist, wie zu zeigen versucht wurde, keineswegs immer der Fall. Das Kriterium immanenter Grundrechtsschranken vermag, da es auf der Fiktion exakt abgrenzbarer Rechtssphären beruht, den dogmatischen Konflikt nicht zu lösen und ist, insbesondere bei der Zustandsverantwortlichkeit nach § 20 Abs. 1 PVG, kaum geeignet, den Störer vom Nichtstörer zu unterscheiden.

§ 14 Polizeipflicht und Güterabwägung

Neuere Stellungnahmen zur Dogmatik der polizeirechtlichen Verantwortlichkeit greifen auf das allgemeine Prinzip der Güterabwägung zurück. Ähnlich wie bei der Lehre Schnurs vom „grundrechtlich geschützten Rechtskreis" wird versucht, den Umfang der Polizeipflicht vom Verfassungsrecht her zu konkretisieren.

So ist nach Kimmel[252] jeder polizeiliche Eingriff auf das einzelne Grundrecht bezogen. Entscheidend sei die verfassungskonforme Bestimmung des Begriffs der Störung („sachliche Richtung des polizeilichen Eingriffs"), da dieser Begriff unter Anwendung der Maßstäbe des Verfassungsrechts weit präziser bestimmbar sei als der Verursachungsbegriff[253]. Sei die Störung festgestellt, so ergebe sich in der Regel „von

---

[250] Vgl. hierzu *Lerche*, Übermaß, S. 128 Anm. 101 sowie *Herbert Krüger*, Wesensgehalt, in DÖV 1955, S. 601; anders dagegen: *Füßlein*, Versammlungsgesetz, S. 17.

[251] *Ehmke*, VVDStRL, Heft 20, S. 88 ff.; *Scheuner*, VVDStRL, Heft 22, S. 37 f.

[252] *Eigentum und Polizei*, S. 116, 117.

[253] *Kimmel*, S. 168.

selbst", wer dafür verantwortlich sei. Da die sachliche Richtung des
Eingriffs durch das Ergebnis der Abwägung der Interessen des Eigentümers und der öffentlichen Sicherheit und Ordnung bestimmt werde,
habe „das verfassungsrechtliche Prinzip der Güterabwägung" hier seine
eigentliche Bedeutung[254]. Kimmel untersucht die Güterabwägung zwar
am Spannungsverhältnis zwischen Eigentumsgarantie und Polizeigewalt, darüber hinaus weise jedoch dieses Prinzip den richtigen Weg
zur Lösung aller Konfliktsfälle im Polizeirecht[255].

Auch Beye argumentiert bei der Feststellung der polizeirechtlich erheblichen Gemeinwohlgüter mit dem Prinzip der Interessenabwägung.
In Anlehnung an die Lehre Schnurs stellt Beye zunächst fest, es komme
entscheidend darauf an, „daß der Einzelne durch sein Verhalten gegen
eine Handlungspflicht verstoßen hat"[256]. Ohne auf die Unterschiede in
den gesetzlichen Voraussetzungen bei der Verhaltens- und Zustandspflichtigkeit einzugehen, gelangt er zu dem Ergebnis, „daß sowohl die
sog. Verhaltenshaftung als auch die sog. Gewalthaberhaftung auf einem
die polizeirechtserhebliche Gefährdung oder Störung rechtswidrig verursachenden Verhalten beruht"[257]. Zur positiven Bestimmung der
Rechtspflicht und damit zugleich auch der Rechtswidrigkeit seien daher
alle durch die Rechtsordnung ausdrücklich für schutzwürdig anerkannten Interessen zu berücksichtigen[258].

Die Bemühungen um ein von der Verfassung her interpretiertes
Normverständnis im Polizeirecht, das nicht von der begrifflichen Trennung in „Störung" und „Verursachung" ausgeht, sind nicht neu. Sie
folgen aus einer mit dem Inkrafttreten des Grundgesetzes und der
Länderverfassungen begründeten Neuorientierung des Polizeirechts,
die nicht mehr von dem monarchischen und in der NS-Zeit geltenden
Interpretationsprinzip des Vorrangs der polizeilichen Gemeinwohlgüter
ausgeht[259]. So stellt Menger[260] im Anschluß an die im Ergebnis allgemein als unbefriedigend empfundene Entscheidung des OVG Münster
im sog. Schweinemäster-Fall vom 16. 10. 1956[261] den überkommenen

---

[254] *Kimmel*, S. 117.

[255] *Kimmel*, S. 96.

[256] *Beye*, Zur Dogmatik polizeirechtlicher Verantwortlichkeit, S. 90, 91.
Auf Rechtsgrundlage und Umfang dieser als selbstverständlich vorausgesetzten Handlungspflicht geht Beye nicht näher ein.

[257] *Beye*, S. 90, 122.

[258] *Beye*, S. 110.

[259] Das Dogma vom selbstverständlichen Vorrang der allgemeinen oder
öffentlichen Interessen gegenüber dem Einzelinteresse ist z. B. ausdrücklich
aufgegeben in VGH Mannheim, DVBl. 1967, S. 385 (389). Kritisch zur Klausel
der vorrangigen Allgemeininteressen insbesondere *Lerche*, Übermaß, S. 292 ff.
Demgegenüber aus der älteren Rechtsprechung: Pr.OVGE 98, 111 (115).

[260] Verw. Arch. 1959, S. 85 ff.

[261] OVG Münster AS 11, 250.

Grundsatz zur Diskussion, wonach der in Anspruch genommene Störer niemals eine Entschädigung verlangen könne. Bei nachkonstitutionellem Polizeirecht stelle sich zwangsläufig die Frage, ob nicht ein verfassungswidriger Mangel der Polizeigesetze vorliege, wenn sie eine Entschädigung des Störers überhaupt nicht vorsehen, falls sich die Maßnahme als Enteignung darstelle.

Nach Quaritsch[262] kommt einer rechtmäßigen, auf §§ 19, 20 PVG beruhenden Polizeiverfügung keine konstitutive, sondern nur eine deklaratorische Bedeutung zu, insofern sie lediglich die Erfüllung einer bereits bestehenden Verfassungspflicht verlange.

Bei diesen Untersuchungen geht es weniger um eine generelle Neuinterpretation des Störerbegriffs; vielmehr wird hier — ausgehend vom konkreten Fall — die Frage nach der Verantwortlichkeit des Störers im Hinblick auf die rechtlichen Folgen, d. h. unter dem Aspekt einer Abgrenzung zwischen entschädigungspflichtigem und entschädigungslosem Eingriff in das Eigentum gestellt.

Die insbesondere bei Inanspruchnahme des Zustandsstörers auftauchende Frage nach einer Entschädigung bei Eingriffen in solches Eigentum, das sich erst infolge von später wirksam werdenden Umwelteinflüssen als störend erweist, stellt sich zwar insoweit als ein Abwägen von Rechtspositionen dar, als polizeiliche Maßnahmen nur im öffentlichen Interesse[263] ergehen dürfen[264] und nach dem Grundsatz der Verhältnismäßigkeit der durch eine polizeiliche Maßnahme zu erwartende Eingriff nicht außer Verhältnis zu dem beabsichtigten Erfolg stehen darf[265]. Diese Abwägung, wie sie offen oder versteckt bei zahlreichen Auslegungsfragen zutage tritt[266], ist nicht identisch mit dem hier in Rede stehenden allgemeinen Prinzip der Güterabwägung, das als „verfassungskonformer Maßstab und Weg für die Lösung der Konfliktsfälle"[267] bezeichnet wird. So einleuchtend der Gedanke der Güterab-

---

[262] DVBl. 1959, S. 455 ff.

[263] Zum Begriff des öffentlichen Interesses vgl. *Häberle*, Öffentliches Interesse als juristisches Problem (1970), insbesondere S. 39 ff.

[264] *Drews/Wacke*, S. 60; *Samper*, Art. 5 Rdnr. 37.

[265] OVG Lüneburg = DVBl. 1957, S. 275 ff.
In dem sog. Schiffschaukel-Fall hatte das Bauaufsichtsamt die Genehmigung zum Betrieb einer für zwei Personen konstruierten Schiffschaukel auf die Benutzung für eine Person beschränkt. Das Gericht hob die Verfügung auf mit der Maßgabe, sie erneut zu überprüfen und so zu ändern, daß sie den Grundsätzen des „geringstmöglichen Eingriffs" und der „Verhältnismäßigkeit des Mittels" entspreche.

[266] Vgl. z. B. LG Hannover, Urt. v. 14. 5. 1970 = DVBl. 1970, S. 520 (521), wo die Polizei eine kurzfristige Beeinträchtigung der städt. Verkehrsbetriebe sowie die Hinnahme strafbarer Handlungen gegen schwere körperliche Auseinandersetzungen mit Demonstranten, die sich bei einem massiven Einschreiten möglicherweise ergeben hätten, gegeneinander abzuwägen hatte.

[267] *Kimmel*, S. 95.

wägung angesichts der Schwierigkeiten bei der Abgrenzung der polizeirechtlichen Verantwortlichkeit auch sein mag, gegen seine ausschließliche Anwendung bestehen gleichwohl erhebliche Bedenken.

Nach Kimmel heißt Güterabwägung, „daß ein Ausgleich zwischen
kollidierenden Interessen gefunden werden muß"[268]. Für die Beantwortung der Frage, nach welchen Maßstäben dieser Interessenausgleich
vorzunehmen sei, enthalte die Verfassung konkrete Aussagen[269]. Gerade
daran aber fehlt es in der Verfassung. Zwar enthält der Grundrechts-
katalog eine ganze Reihe von Aussagen, die sich auf das Spannungsverhältnis zwischen dem Einzelnen und der Allgemeinheit beziehen[270].
Daraus lassen sich aber noch keine konkreten Maßstäbe für eine Entscheidung im Einzelfall ableiten, denn das Interesse der Allgemeinheit
und ein mit ihm kollidierendes Individualinteresse sind nicht schon an
sich miteinander vergleichbar wie die gegensätzlichen Interessen einzelner Personen. Hier zeigt sich eine Fehleinschätzung des Verhältnisses von Verfassungs- und Polizeirecht, die noch deutlicher wird in allgemeinen Aussagen wie: „Polizeirecht ist konkretisiertes Verfassungsrecht; jeder Verwaltungsrechtsfall ist heute gleichzeitig Verfassungs-
rechtsfall, der polizeiliche Eingriff ein Verfassungsproblem[271]."

Kimmel fordert anstelle der bisherigen Lösungsversuche mit Hilfe
der Verursachungstheorien eine „Deduktion vom Verfassungsrecht auf
das Polizeirecht", gesteht aber gleichzeitig ein, daß die Begriffe „Eigentumsgarantie" und „Eigentumsbindung" von so hoher Abstraktion sind,
daß sie aus sich selbst heraus kaum einen Schluß auf ihren Inhalt zu-
lassen[272]. Wie wenig die Güterabwägung allein zur Herbeiführung konkreter Lösungen geeignet ist, zeigt der bereits zitierte Friedhofsfall des
OVG Münster[273]. Dort kann nach Kimmel die Beantwortung der Frage,
welche der beiden Nutzungen polizeiwidrig ist und weichen muß, nur
durch eine Abwägung der kollidierenden Interessen gefunden werden.
Im konkreten Fall — so das Ergebnis — erscheine sowohl die eine als
auch die andere Lösung vertretbar: „Entweder man bewertet das
Interesse der lebenden Menschen an der Versorgung mit Wasser höher
oder man bewertet das Rechtsgut Pietät, die besonders schutzwürdige
Nutzung des Eigentums als Friedhof höher[274]. Mit einer derart relati-

---

[268] *Kimmel*, S. 92.

[269] Kimmel, S. 91.

[270] Ausdrücklich erwähnt ist die Allgemeinheit als Gegenpol menschlicher
Freiheit in Art. 6 Abs. 2 S. 2; Abs. 4; Art. 11 Abs. 2; Art. 14 Abs. 2 S. 2 sowie in
Art. 14 Abs. 3 S. 2 GG.

[271] *Kimmel*, S. 5.

[272] *Kimmel*, S. 29.

[273] Unveröffentlichte Entscheidung, abgedr. bei *Vogel/v. Münch*, Gerichtsentscheidungen zum Polizeirecht, S. 123 ff., vgl. auch oben § 10 II 1.

[274] *Kimmel*, S. 120.

vierenden Formel ohne nähere norm- wie fallbezogene Differenzierungen läßt sich freilich jedes gewünschte Ergebnis „begründen". Hier hilft die Gegenüberstellung verschiedener Interessen ebensowenig weiter wie ein Suchen nach der unmittelbaren oder adäquaten Ursache. Beim Zusammenwirken mehrerer Ursachen bedienen sich die Gerichte daher zusätzlicher Kriterien wie etwa die den Umfang der Mitverursachung kennzeichnende Störungsbezogenheit[275] oder Geeignetheit der in Betracht kommenden Maßnahmen[276].

Abgesehen von einer Verschmelzung der verfassungsrechtlichen Güterabwägung mit der das Zivilrecht kennzeichnenden Interessenabwägung[277] verkürzt das Modell einander widerstreitender Interessen die Sicht auf die vielschichtige Bedeutung der Grundrechte als Elemente objektiver Ordnung ebenso wie es das nicht von einem Interessenausgleich geprägte polizeirechtliche Motiv der Gefahrenabwehr außer acht läßt.

Die Überbewertung des allgemeinen Abwägungsgedankens im Polizeirecht ergibt sich daraus, daß hier ein in einem Teilbereich, nämlich der Zustandspflichtigkeit, durchaus anwendbares Prinzip verabsolutiert und auf alle Kollisionsfälle einschließlich der Verhaltenspflichtigkeit übertragen wird. So mag z. B. im Spannungsfeld Eigentum und Polizei eher eine einzelfallbezogene, normativ abgesicherte Abwägung (individueller Eigentumsschutz gegen Notwendigkeit eines Eingriffs im Falle allgemeiner Gefahr) angezeigt und sinnvoll sein. Hier kann die grundrechtliche Stellung des Einzelnen, sein privates Interesse, sorgfältig und frei von jenem alten Dogma der Höherrangigkeit des Gemeinwohls gegen entgegenstehende öffentliche Interessen abgewogen werden[278]. Als unpraktikabel, weil zu langwierig, erweist sich hingegen die Güterabwägung in Fällen, bei denen es auf eine schnelle Gefahrenabwehr ankommt[279].

Dem Prinzip der Güterabwägung liegt die Vorstellung einer allgemein gültigen Werthierarchie zugrunde[280], wobei die „Höherwertigkeit"

---

[275] Daß der in den Polizeigesetzen verwendete Brief der „Verantwortlichkeit" außer der Verursachung bzw. einem bestimmten Zustand weitere Gesichtspunkte umfaßt, zeigt sich oft in den Urteilsgründen. So prüft im Friedhofsfall das OVG die Polizeiwidrigkeit bei Errichtung der Wasserversorgungsanlage, „die man trotz Kenntnis der Friedhofsnähe dort errichtet hat, wobei anscheinend gewisse Unterlassungen zu verzeichnen sind" (aaO., S. 138).

[276] Eine Schließung des Friedhofs wäre kaum die zur Gefahrenabwehr geeignete Maßnahme gewesen.

[277] Hierauf zielt der Vorwurf *Bettermanns* in JZ 1964, S. 601 (602) vom „Umbiegen" der verfassungsrechtlichen Güterabwägung in eine zivilrechtliche Interessenabwägung.

[278] Vgl. OVG Lüneburg, Urt. v. 27. 11. 1958 (Tankstelle).

[279] z. B. Maßnahmen gegen rivalisierende Demonstrantengruppen bei einer politischen Veranstaltung.

[280] *Beye*, S. 113.

des einen gegenüber dem anderen Interesse festzustellen ist. Dazu be-
dürfte es freilich Kriterien der Abstufung, die so eindeutig sind, daß
ihnen Verbindlichkeit zukommt. Hinweise für eine allgemeine Wert-
skala aber lassen sich weder aus der Verfassung noch aus der Rechtsprechung ableiten. Zu Recht erhebt Müller[281] Einwände gegen die mit
der Güterabwägung einhergehende Rechtsunsicherheit sowie gegen die
Gefahr subjektiver Werturteile und betont, daß eine Abwägung verschiedener Gesichtspunkte der Normkonkretisierung die Anstrengung
der Interpretation nicht ersetzen dürfe, weil sonst ohne Verwirklichung
rechtsstaatlichen Begründungszwangs das „Übergewicht" oder die „Höherwertigkeit" des einen der beteiligten Sach- oder Normkomplexe
mehr behauptet als einsichtig gemacht werde[282].

Daß das Bundesverfassungsgericht[283] bei Abwägungen einen „grund-
sätzlichen Vorrang des Freiheitsrechts" zugrunde legt, bietet noch keinen ausreichenden Grund, die Güterabwägung als Allheilmittel der
Normkonkretisierung anzusehen. Eine normative Lösung im Rahmen
der geltenden Polizeigesetze hat mehr Aussicht auf juristische Rationa-
lität als das Anknüpfen an eine vermeintlich vorgegebene Wertord-
nung, um deren hermeneutische Erfassung es gerade geht.

---

[281] Normstruktur nd Normativität, S. 208 f.
[282] Zur Kritik am Güterabwägungsprinzip vgl. *Lerche,* Übermaß und Verfassungsrecht, S. 129 ff., 152 ff., 244; *F. Müller,* Normstruktur und Normativität,
S. 208 ff.; *Bettermann,* Die allgemeinen Gesetze als Schranken der Pressefreiheit, JZ 1964, S. 601. Die Formalität des Prinzips wird eingeräumt bei
Häberle, Wesensgehaltsgarantie, S. 32 ff.
[283] Vgl. BVerfGE 13,97 (105); 15,288 (296); 16,194 (201); 17,306 (313 f.).
Zu den Gefahren unbegrenzter Güterabwägung mit Grundrechtsbeschrän-
kungen zugunsten angeblicher Allgemeininteressen: BGH in DÖV 1955, 729
(730). In einem Urteil aus dem Jahre 1966 hat das Bundesverwaltungsgericht
(BVerwGE 23,104) jede Interessenabwägung zwischen Jugendschutz und
Kunstfreiheit als grundsätzlich unzulässig bezeichnet.

D. Folgerungen aus der Analyse von Rechtsprechung und Lehre

§ 15 Die Eigenständigkeit der polizeirechtlichen gegenüber der zivil- und strafrechtlichen Verantwortlichkeit

Polizeipflichtigkeit bedeutet ebenso wie die zivilrechtliche Haftung oder die strafrechtliche Verantwortlichkeit Einstehenmüssen für einen gesetzlich umschriebenen Tatbestand. Während jedoch im Zivil- und Strafrecht das menschliche Verhalten im Mittelpunkt rechtlicher Betrachtung steht, ist Ausgangspunkt der polizeirechtlichen Verantwortlichkeit ein bestimmter Gefahrenbereich, bei dessen Beeinträchtigung der Störer entweder für sein Verhalten oder für den Zustand der seiner Disposition unterstehenden Sachen einzustehen hat. Gleichwohl ist die rechtstechnische Unterscheidung von Handlungs- und Zustandshaftung (§§ 19, 20 PVG) eher ein formales Kriterium, insofern es für die Rechtsfolge, nämlich die Verantwortlichkeit, nicht darauf ankommt, ob jemand durch sein Verhalten oder durch den Zustand seiner Sachen die öffentliche Ordnung stört: wie bereits oben ausgeführt, lassen sich die meisten Fälle der Zustandspflichtigkeit auch als solche der Verhaltenspflichtigkeit darstellen. Dabei wird das Verhalten im Polizeirecht anders bewertet als im Zivil- bzw. im Strafrecht.

Zwar kann menschliches Handeln als solches, gleichgültig ob es in den Bereich strafrechtlicher, zivil- oder öffentlich-rechtlicher Betrachtung einbezogen wird, seiner inneren Struktur nach nicht unterschiedlich sein. Wenn trotzdem die Verursachung in den einzelnen Rechtsgebieten in unterschiedlichem Grad für die rechtliche Beurteilung der Verantwortlichkeit von Bedeutung ist, so liegt das darin begründet, daß das Polizeirecht entsprechend dem spezifischen Normzweck der Gefahrenabwehr „erfolgsbezogener" ist als die Haftungsnormen anderer Rechtsbereiche.

Daraus folgt, daß ein Verhalten oder der Zustand einer Sache u. U. auch dann eine Verantwortlichkeit im Sinne des Polizeirechts begründen können, wenn damit weder gegen privat- noch gegen strafrechtliche Vorschriften verstoßen wird. Gerade die Zustandspflichtigkeit nach § 20 PVG macht die Besonderheit der polizeilichen Verantwortlichkeit deutlich: der entscheidende Ansatzpunkt liegt nicht primär in der rechtlichen Bewertung des störenden Verhaltens bzw. Zustandes, sondern in der Gefahrentendenz, die dem Handeln bzw. der Sache innewohnt[1].

Es erscheint daher verfehlt, das Problem der Polizeipflichtigkeit in Anlehnung an zivilrechtliche Vorschriften lösen zu wollen. So stellt Hurst[2] unter Hinweis auf die angeblich der polizeirechtlichen Haftung vergleichbare actio negatoria des § 1004 BGB den Gedanken des Rechtsgüterschutzes in den Vordergrund und folgert daraus, Grundlage der polizeirechtlichen Verantwortlichkeit sei der Umstand, daß die Allgemeinheit Eingriffe in ihren geschützten Rechtskreis nicht zu dulden brauche, „die ohne rechtliche Legitimation erfolgen"[3]. Diese Argumentation läuft im Ergebnis auf die bereits abgelehnte Rechtswidrigkeits-Theorie hinaus und übersieht, daß Abwehrbefugnisse der Polizei u. U. schon bei ernsthaften Gefährdungen gegeben sind[4], daß es also nicht stets eines Eingriffs in den geschützten Rechtskreis der Allgemeinheit bedarf.

Zwar gibt es im Bereich zivilrechtlicher Abwehransprüche Berührungspunkte zwischen beiden Rechtsmaterien, weil hier eine weitgehende Parallelität der rechtlichen Grundperspektiven (Gefahren- und Störungsabwehr) vorliegt, was bereits in der Verwendung des Begriffs „Störer" in § 1004 BGB zum Ausdruck kommt. Trotzdem darf nicht verkannt werden, daß im bürgerlichen Recht Eigentumsverletzung und Schadensausgleich im Vordergrund stehen und daß der Anspruch auf Beseitigung bzw. Unterlassung der Beeinträchtigung erst *nach* einem bereits erfolgten Eingriff gegeben ist, während die polizeirechtliche Verantwortlichkeit bereits die Abwehr drohender Gefahren und Störungen umfaßt. Dieser vom Zivilrecht abweichende Normzweck kennzeichnet die Polizeipflichtigkeit als eine Art erweiterter Gefährdungshaftung[5], deren Risikobereich dem Haftungsumfang anderer Rechtsgebiete nur bedingt vergleichbar ist[6].

---

[1] *Quaritsch* (DVBl. 1959, S. 455 (459) betont zu recht, daß der Zustandshaftung eine Wertung des Eigentümerverhaltens ebenso fremd sei wie dem Anspruch aus § 1004 BGB. Der entscheidende Unterschied in den Voraussetzungen liegt indes bei der Rechtswidrigkeit, die bei § 1004 BGB im Gegensatz zu § 20 PVG erforderlich ist.

[2] Die Polizei 1961, S. 15 ff.

[3] Ebd., S. 19.

[4] Vgl. BVerwGE 7, 257 ff. sowie BVerfGE 20, 351. Zur Haftung bei Anscheinsgefahr: *Wolff*, VerwR III § 127 b 1.

[5] *Quaritsch*, DVBl. 1959, S. 459.

[6] In einem Urteil vom 12. 12. 1969 (MDR 1970, S. 791 ff.) weist der Hess. VGH auf die unterschiedlichen Voraussetzungen zwischen zivil- und strafrechtlicher Haftung einerseits sowie polizeirechtlicher Verantwortlichkeit andererseits hin.

§ 16 Die Bedeutung der „Verursachungstheorien"
bei Konkretisierung der polizeirechtlichen Verantwortlichkeit

Mit der Analyse von Rechtsprechung und Schrifttum zur Polizeipflichtigkeit wurde zu zeigen versucht, daß keine der verschiedenen
Verursachungstheorien die Frage nach der Verantwortlichkeit des Störers in einer für alle Fälle gleichermaßen befriedigenden Weise zu
lösen vermag. Der Grund hierfür liegt einmal darin, daß die in anderen
Rechtsbereichen neben der Verursachung geltenden haftungsbegren-
zenden Merkmale der Schuld und Rechtswidrigkeit im Polizeirecht
keine Anwendung finden.

Außerdem ergibt sich die Unmöglichkeit einer generellen, die Notwendigkeit einer wirksamen Gefahrenabwehr ebenso wie die Rechte
des Bürgers berücksichtigenden Formel zur Begrenzung der Polizeipflichtigkeit bereits aus den Anforderungen, die allgemein an eine
solche Verursachungstheorie geknüpft werden: sie soll einerseits durch
ein leicht zu ermitelndes Kriterium den Adressaten polizei- und ord-
nungsbehördlicher Verfügungen bestimmen; daneben soll bei Inanspruchnahme des Störers dem Prinzip der materiellen Gerechtigkeit
Rechnung getragen werden, d. h. daß nicht von vornherein von der
Vorrangigkeit der polizeilichen Gemeinwohlgüter ausgegangen werden
darf.

Die Schwierigkeit, ein sowohl praktikables als auch die Besonderheiten des Einzelfalles berücksichtigendes Abgrenzungskriterium zu
finden, legt es nahe, daß sich insbesondere Stimmen im Schrifttum mit
der Störer-Problematik befassen und dabei der jeweils vertretenen
Theorie eine Interpretation zu geben versuchen, die von dem bereits
feststehenden Ergebnis ausgeht, zu dem sie doch erst hinführen soll. So
versucht Ule im Reklamefall[7], bei dem der Unmittelbarkeitsgrundsatz
nicht zum allgemein anerkannten Ergebnis führt, diesem Kriterium auf
dem Umweg über die subjektive Einstellung des Kaufmanns doch noch
Geltung zu verschaffen, wenn er dessen Polizeipflichtigkeit bejaht, „obwohl sie nach der Theorie der unmittelbaren Verursachung eigentlich
zu verneinen wäre. Diese Auffassung ist zu billigen, weil im Falle der
Zweckveranlassung das polizeiwidrige Verhalten mindestens in Kauf
genommen, die Unmittelbarkeit der Verursachung also gewissermaßen
auf diesem Wege hergestellt wird"[8].

Drews/Wacke[9] modifiziert die Unmittelbarkeit durch das Kriterium
der „polizeilichen Gefahrengrenze", welche die polizeirechtlich uner-

---

[7] PrOVGE 85,270 ff., Urt. v. 10. 10. 1929.
[8] *Ule/Rasch*, S. 111.
[9] *Drews/Wacke*, S. 208, 222.

heblichen Beeinträchtigungen und Belästigungen von der konkreten
Gefahr oder Störung trennt. Hier liegt im Rückgriff auf Merkmale des
polizeilichen Eingriffs ein normatives Moment, das dem vom Bild einer
Ursachenkette ausgehenden Begriff der Unmittelbarkeit fehlt. Mit dieser Definition, die zu einer wertenden Beurteilung unter dem Gesichtspunkt der Gefahr führt, könnte man getrost auf die anspruchsvolle
Bezeichnung „Unmittelbarkeits-Theorie" verzichten, denn das auch in
der Rechtsprechung verwendete Erfordernis der Unmittelbarkeit besagt nichts weiter, als daß zwischen dem Eingriffstatbestand und der
Person, in deren Verhalten bzw. Sache die Gefahr oder Störung begründet ist, ein hinreichend enger Zusammenhang bestehen muß und
daß weniger enge Zusammenhänge anderen Verhaltens und anderer
Sachen mit der Gefahr dadurch ausgeschlossen werden.

Bekannte polizeirechtliche Entscheidungen zeigen, daß die Gerichte
auf die Theorien zur Verursachung kaum eingehen. In den Entschei-
dungsgründen liegt das Schwergewicht nicht immer bei der Frage nach
dem Störer; ausführlich wird dagegen die sachliche Richtung der notwendigen Maßnahmen behandelt. Dabei zeigt es sich, daß der Zeitpunkt
für ein Einschreiten keineswegs immer so eindeutig feststeht, wie es bei
Anwendung der Verursachungstheorien allgemein vorausgesetzt wird.

Kennzeichnend hierfür sind die vom Preuß. OVG entschiedenen „De-
monstranten-Fälle"[10], denen im wesentlichen ein gleichartiger Sachverhalt zugrunde lag: Meinungsäußerungen oder öffentliche Kundgebun-
gen führten zu Auseinandersetzungen und Protesten politisch Anders-
denkender, in deren Verlauf es zu Drohungen und Gewalttätigkeiten
kam. Während maßgebliche Stimmen im Schrifttum[11] — bei der nachträglichen Beurteilung von der konkreten Störung ausgehend — die
Entscheidungen als Bestätigung des Unmittelbarkeitsgrundsatzes werten, wäre zumindest zu prüfen gewesen, ob nicht bereits in dem auslösenden Verhalten eine Gefahr für die öffentliche Sicherheit lag[12]. So
geht denn auch das Gericht nicht von einer irgendwo interpretierten
Unmittelbarkeit, sondern vom konkreten Sachverhalt aus, wenn bei
eingehender Berücksichtigung der politischen Verhältnisse die Frage
nach dem polizeipflichtigen Verursacher bei Erörterung der Rechtsfrage,
ob der Tatbestand einer Störung im Sinne des § 14 Abs. 1 PVG gegeben
ist, gleichsam inzidenter mitentschieden wird[13].

---

[10] Pr.OVGE 31,49 ff.; 78,261; 78,272 ff.; vgl. auch Beschl. OVG Saarlouis
(Verbot des NDP-Parteitags) in JZ 1970, S. 283 ff. sowie den bereits zitierten Demonstrantenfall oben § 11 V 2.
[11] *Ule/Rasch*, § 19 PVG, Anm. 8.
[12] So z. B. Bad.-Württ. VGH, Urt. v.14. 7. 1969 = DVBl. 1970, S. 511.
[13] Pr.OVG Urt. v. 18. 1. 1923, OVGE 78.261: „Die Entscheidung hängt somit
in erster Linie von der Beantwortung der Frage ab, ob durch das Mitführen

Wenn vielfach trotz der begrenzten Anwendbarkeit der Verursachungstheorien immer wieder versucht wird, ein allgemeingültiges Zurechnungskriterium zu finden, so ist diese Tatsache nicht zuletzt eine Folge der Überbewertung der „Kausalitätstheorien", mit deren Hilfe man der komplexen Wirklichkeit in jedem Fall gerecht zu werden sucht. Bei einer über die Generalisierung und Typisierung von Erfahrungssätzen hinausgehenden funktionalen Betrachtungsweise[14] stellen sich diese Theorien jedoch nur als Konstruktionshilfe, als Arbeitshypothese[15] dar, mit deren Hilfe die Subsumtion komplexer Sachverhalte nur unter bestimmten Voraussetzungen, nämlich innerhalb des Funktionsbereichs der jeweiligen Theorie, möglich ist.

§ 17 Umfang und Folgen der polizeirechtlichen Verantwortlichkeit

Bei der Zurechnung von Gefahren und Störungen geht es nicht um ein Problem der Verantwortlichkeit schlechthin, sondern um die Ermittlung ihrer Grenzen. Diese Grenzen verlaufen keineswegs so eindeutig, daß sie mit Hilfe einer Formel bestimmt werden könnten, die einen für alle Fälle gleichermaßen gültigen Maßstab darstellt. Das gilt um so mehr, als die Polizeipflichtigkeit nach allgemeiner Auffassung nicht nur die Richtung polizeilicher Maßnahmen, sondern auch die volle Verantwortlichkeit für die abzuwehrende Gefahr oder Störung kennzeichnet.

Dieser insbesondere bei der Zustandspflichtigkeit bedeutsame Aspekt wird kaum in Frage gestellt, weil man allgemein von der Prämisse ausgeht, „daß der Störer lediglich im Interesse der öffentlichen Sicherheit und Ordnung in die Schranken seines Rechts zurückverwiesen wird"[16]. Danach besteht in der Tat der Grundsatz zu Recht, wonach ein in Anspruch genommener Störer für den ihm entstandenen Schaden keine Entschädigung verlangen kann.

I. Die Abgrenzung Störer — Nichtstörer als Entschädigungskriterium

Die Polizei- und Ordnungsbehörden haben sich bei Maßnahmen zur Aufrechterhaltung der öffentlichen Sicherheit und Ordnung grundsätzlich an den für die Gefahr bzw. Störung Verantwortlichen zu halten.

---

der schwarz-weiß-roten Fahnen im Zuge die öffentliche Sicherheit oder Ordnung gefährdet wurde".

[14] Zum Verhältnis von dynamisch-funktionalem Rechtsverständnis und kausaler Denkform vgl. *Krawietz*, S. 80 ff.

[15] Vgl. *Claus*, General Semantics, S. 101.

[16] Statt vieler: *Drews/Wacke*, S. 465.

Nur unter den besonderen Voraussetzungen des § 21 PVG[17] (polizeilicher Notstand) dürfen Personen, die nicht polizeipflichtig sind, zur Gefahrenbeseitigung herangezogen werden. Dabei muß sich die Inanspruchnahme des sog. Nichtstörers ihrem subsidiären Charakter entsprechend sachlich wie zeitlich auf das unbedingt Notwendige beschränken[18]. Den Nichtstörer unterscheidet vom Störer die fehlende polizeiliche Verantwortlichkeit. Dementsprechend hat der Nichtstörer, dem durch eine rechtmäßige Inanspruchnahme ein Schaden entstanden ist, gem. §§ 21, 70 PVG einen Entschädigungsanspruch gegen den Träger der Polizei.

Die konstitutive Bedeutung der Störer-Qualifikation im Hinblick auf die Entschädigungsfrage hat dazu geführt, daß bei der nachträglichen Beurteilung der Polizeipflichtigkeit, insbesondere bei störenden Anlagen, nicht selten weniger die gesetzlichen Voraussetzungen als vielmehr die Rechtsfolge, nämlich die Gewährung bzw. Nichtgewährung einer Entschädigung, ausschlaggebend war.

So wurde im Tankstellen-Fall des OVG Lüneburg[19] die Verantwortlichkeit des Inhabers für die Gefährdung des Straßenverkehrs verneint, weil sonst die Behörden „den Abriß unzähliger Bauten oder die Stillegung von Gewerbebetrieben an unübersichtlichen Straßenstellen verlangen könnten, ohne dem Eigentümer als angeblichem Störer im Sinne der Zustandshaftung entschädigungspflichtig zu sein". Bei der in Rechtsprechung[20] und Schrifttum[21] ausgetragenen Kontroverse um die Frage, ob der Eigentümer einer Kriegsruine für die von dem Trümmergrundstück ausgehende Gefährdung der Öffentlichkeit verantwortlich sei, ging es nicht um die Inanspruchnahme des Grundstückseigentümers schlechthin, sondern darum, ob eine *entschädigungslose* Pflichtigkeit auch für die außergewöhnliche Normsituation einer durch Kriegseinwirkung verursachten Störung gelte. Ähnlich liegt die Problematik bei Störungsanlagen, die ihre Ursache in höherer Gewalt, z. B. Naturkatastrophen, haben. So ist zwar bei einem Erdrutsch oder bei Steinschlag der Zustand des betroffenen Grundstücks polizeiwidrig. Gleichwohl wird die Frage, ob der Eigentümer auch für eine durch Naturgewalten oder andere zufällige Ereignisse bewirkte Polizeiwidrigkeit voll einzutreten hat, unterschiedlich beurteilt[22].

---

[17] Heute geltende landesgesetzliche Vorschriften: §§ 9 PolG Bad.-Württ., 8 PolG Bremen, 10 SOG Hamburg, 15 Hess. SOG, 8 Nds. SOG, 19 Nordrh.-westf. OBG, 27 PVG Rheinl.-Pf., 187 LVwG Schl.-Holst., Art. 12 PAG Bayern.

[18] Pr.OVGE 43,387; Pr.OVGE 78,267 (270); BGHZ 35,27 = NJW 1961, 1385; *Wolff* III, S. 65; *Friauf*, Polizeirecht, S. 182.

[19] OVGE 14,396 ff.

[20] OVG Münster, OVGE 5,185 = DÖV 1952.735; OVG Lüneburg = JZ 1952,437; BGHZ = DVBl. 1953,367; anders: Bad. VGH = JZ 1953,367.

[21] *Drews/Wacke*, S. 233 f.; a. M. *Ule/Rasch*, § 20 Rdnr. 14; *Schneider*, JZ 1953,240; *Friauf*, S. 173.

Die scharfe Trennung zwischen Störer und Nichtstörer ist in der Praxis keineswegs immer mit der Eindeutigkeit möglich, wie dies aus theoretischer Sicht erscheinen mag. Die vom Gesetz vorausgesetzte begriffliche Unterscheidung ist immer dann schwer zu treffen, wenn sich die Störung nicht allein in einem bestimmten Verhalten oder Zustand darstellt, sondern erst infolge von Umweltveränderungen (Tankstellenfall, Schweinemäster) oder aus zwei gleichwirksamen Umständen resultiert (Friedhof — Wasserwerk). Die Abgrenzung ist insbesondere bei Maßnahmen der Polizei- oder Ordnungsbehörden im Bereich grundrechtlich geschützter Positionen nur unter Bezugnahme auf den konkreten Sachverhalt möglich. Hier wird deutlich, daß die Rechtssphäre des Einzelnen einerseits, Polizeipflicht und öffentliche Sicherheit andererseits wechselbezügliche Größen, daß die Übergänge vom Störer zum Nichtstörer fließend sind und insoweit der Grundsatz, wonach Maßnahmen gegen den Störer stets entschädigungslos zulässig sind, selbst wenn sie zur Vernichtung des Eigentums führen[23], zumindest zweifelhaft erscheint[24].

Gerade in den problematischen Fällen der sog. „latenten Gefahr", in denen sich eine Störung erst infolge späterer Veränderungen in der Umwelt konkretisiert oder aus dem Nebeneinander mehrerer benachbarter Sachen resultiert und durch die Inanspruchnahme nur eines von mehreren Verantwortlichen beseitigt wird, hilft die mehr auf den Handlungsstörer abstellende Begründung von der Zurückverweisung in den eigenen Rechtskreis kaum weiter[25].

Auch der Gedanke der Priorität, der im Friedhofs-Fall[26] anklingt, berücksichtigt die tatsächliche Störer-Verantwortlichkeit ebensowenig wie

---

[22] Die Meinungen gehen von einer unbegrenzten Inanspruchnahme (Drews/Wacke, S. 234, 285) über den Gedanken der Risikoverteilung (Friauf, Polizei- und Ordnungsrecht, S. 176) bis zur Ablehnung der Polizeipflicht bei „außernormalen Situationen" (Bad. VGH = JZ 1953, S. 238 mit zust. Anm. von Schneider).

[23] BVerwGE 7,257; ferner BGHZ 43,196 (203).

[24] Nach Rupp (Grundfragen, S. 230) ist die „polizeirechtliche Störerhaftung rechtssystematisch keine Haftung für Unrecht und läßt sich jedenfalls in dieser Hinsicht niemals von der Enteignung abgrenzen". Vgl. auch Menger, VerwArch. 1972, S. 351 ff.

[25] Die dogmatische Unsicherheit bei der Abgrenzung von Handlungs- und Zustandspflichtigkeit zeigt sich bei der Vermengung mit dem Verursachungsbegriff. So ist nach Götz (Polizei- und Ordnungsrecht, S. 78) auch die Verantwortlichkeit für den Zustand von Sachen eine Verursachungshaftung. Beye (S. 50) deutet gar die „Gewalthaberhaftung als einen Sonderfall der Haftung durch Unterlassen", für den das Verursachungsprinzip in gleicher Weise gelte. Demgegenüber betont Friauf (DVBl. 1971, S. 716) zu Recht die unterschiedlichen Rechtsgrundlagen beider Zurechnungsnormen. Vgl. auch Holtzmann, DVBl. 1965, S. 902 ff.

[26] Abgedr. bei Vogel/Münch, Gerichtsentscheidungen zum Polizeirecht, S. 123 ff.

die knappe Begründung des OVG Münster zum Schweinemästerfall[27], eine einzelne Sache „verwirkliche" die Gefahr und sei deshalb polizeiwidrig. Hierzu bemerkt Friauf[28] zu Recht, eine solche abstrakte Argumentation nehme, ähnlich wie die Berufung Hursts auf die „Normallage", das Ergebnis vorweg und erweise sich schlicht als petitio principii.

Eine sowohl im Ergebnis wie in der dogmatischen Begründung befriedigende Lösung dieser Problemfälle muß bei Zurechnung der Störungsfaktoren derart differenzieren, daß der Polizeipflichtige in dem Maß herangezogen wird, in dem er durch sein Verhalten bzw. seine Sachen zur Entstehung der Gefahr oder Störung beigetragen hat. Denn es kann aus Gründen der öffentlichen Sicherheit ein Eingriff in das Eigentum erforderlich werden, der möglicherweise insoweit enteignend wirkt, als er wegen seiner Schwere in keinem Verhältnis zur „Störungsbezogenheit" des Polizeipflichtigen steht.

II. Zustandspflichtigkeit und Entschädigungsfrage

1. Der Grundsatz der Entschädigungslosigkeit

Eine absolute Entschädigungslosigkeit des Störers ergibt sich weder aus dem Polizei- und Ordnungsrecht noch aus dem System öffentlichrechtlicher Entschädigungsansprüche. Sie wird vielmehr abgeleitet aus dem allgemeinen Grundsatz, wonach eine Gefahr für die Allgemeinheit auf Kosten dessen abzuwenden ist, der dafür verantwortlich, d. h. polizeipflichtig ist. Dabei schießt man jedoch über das Ziel einer der tatsächlichen Verantwortlichkeit entsprechenden Inanspruchnahme hinaus, wenn man — abgesehen von Sondertatbeständen — einen Entschädigungsanspruch generell ausschließt mit der Begründung, die Polizei verletze niemals die Privatrechte eines Störers[29], sondern weise ihn lediglich im Interesse der öffentlichen Sicherheit in die von ihm überschrittenen Schranken seiner Rechte zurück. Von Haus aus erfasse die Freiheit des Einzelnen keine mißbräuchlichen Störungen, daher sei die Zurückverweisung nur eine deklaratorische Feststellung der inneren Freiheitsschranke und keine konstitutive Einschränkung[30].

Die Ansicht von der Verweisung des Pflichtigen in seine Rechtsschranken geht aus von einer Nichtstörungspflicht als einem generellen Grund-

---

[27] OVGE 11,250.

[28] *Friauf*, DVBl. 1971, S. 717.

[29] *Drews/Wacke*, S. 465; *König*, Allgemeines Sicherheits- und Polizeirecht, S. 433. Bei dieser Begründung stellt sich die Frage nach der Möglichkeit einer Entschädigung erst gar nicht: im Spannungsverhältnis zwischen Polizei und Bürger geht man wie selbstverständlich vom Vorrang und von der Rechtmäßigkeit polizeilicher Maßnahmen aus.

[30] *Dürig*, AöR, 79,80; *Müller-Heidelberg/Claus*, Nds.SOG, 2. Aufl. 1956, S. 29.

rechtsvorbehalt, wonach der polizeiliche Eingriff sich lediglich als Reaktion auf die mißbräuchliche Überschreitung der Rechte des Störers
darstellt. Mag dies in der Mehrzahl der Fälle auch zutreffen, so gibt
es doch im Bereich der Zustandspflichtigkeit nicht selten Eingriffe, in
denen das für eine Entschädigung wesentliche Kriterium des Sonder-
opfers zugunsten der öffentlichen Sicherheit nicht auszuschließen ist[31].
Die Auffassungen, nach denen eine Entschädigung des Störers auch bei
schwerwiegenden Eingriffen in das Eigentum nicht in Betracht kommt,
verkennen, daß die Rechtfertigung sicherheitsrechtlicher Maßnahmen
auf anderen Rechtsgrundlagen beruht als deren Entschädigungslosigkeit.

Zu Recht betont Friauf[32], das Polizeirecht sei im Grunde überfordert,
wenn es mit den ihm allein zur Verfügung stehenden repressiven Mitteln versuche, den Konflikt zwischen den zwangsläufigen Emissionen
auch eines ordnungsgemäß geführten landwirtschaftlichen Betriebes
oder eines Industrieunternehmens und dem Anspruch der Anwohner
auf eine störungsfreie, nicht gesundheitsgefährdende Lebensweise zu
lösen. Der daraus gezogene Schluß auf die Notwendigkeit präventiver
Abwehrmaßnahmen — etwa im Stadium der Bauplanung — ist zwar
richtig, führt aber nicht weiter bei der Lösung bestehender Konflikte.

2. Die Unterscheidung von
Grundrechts- und Mißbrauchsbereich

Die eine Entschädigung im Störungsfall strikt ablehnende Konstruktion geht von der Identität unterschiedlicher Rechtspositionen aus.
Diese vorausgesetzte Kongruenz zwischen Störer-Verantwortlichkeit
und Eingriffsintensität ist aber dann nicht mehr gegeben, wenn die
Störungslage Folge einer objektiv nicht vorhersehbaren Veränderung
der Umwelt ist. Zwar ist das Eigentum „kein abgeschiedenes, auf den
festen Punkt einer Sozialidylle ausgerichtetes Recht"[33]. Gleichwohl
stellt sich auch beim Zustandsstörer die verfassungsrechtliche Problematik der Eigentumsgarantie unter dem Grundgesetz schärfer als etwa
unter der Weimarer Verfassung.

Die bisherigen Lösungsversuche waren dadurch gekennzeichnet, daß
das in der Mehrzahl der Fälle durchaus zutreffende Argument von der
Zurückverweisung des Störers auch auf solche Sachverhalte übertragen
wurde, bei denen wegen zusätzlicher störungswirksamer Faktoren eine
genauere Determinierung der Pflichtigkeit des einzelnen Störers er-

---

[31] Vgl. *Menger*, VerwArch. 1959 S. 85 f.; BVerwG, Urt. v. 24. 6. 1971 = DVBl.
1971,751 (752).

[32] DVBl. 1971, S. 715.

[33] *Quaritsch*, DVBl. 1959, S. 459.

forderlich gewesen wäre. Das mit der Entschädigungsfrage verknüpfte dogmatische Schrankendenken führte im Ergebnis dazu, daß der sicherheitsrechtliche Zweckbegriff des Störers zum Kriterium für den Verfassungsrang beanspruchenden Grundsatz der Eigentumsgarantie wurde[34].

Demgegenüber findet sich im neueren Schrifttum[35], aber auch in der Rechtsprechung[36] eine differenzierende Beurteilung der polizeirechtlichen Verantwortlichkeit. So besteht nach Lerche[37] der Trugschluß der herrschenden Lehre von der Zurückverweisung des Störers in seine Rechtsschranken in einer Verwechslung des „Rechts", „dessen Grenzen vom Störer überschritten worden sind und in dessen Rahmen er daher wieder zurückgedrängt werden soll mit jenem ‚Recht', in dessen Bezirk zum Zweck dieser Zurückverweisung eingegriffen werden darf." Beides werde im unklaren Ausdruck der Zurückverweisung in die Schranken „des Rechts" zusammengezogen statt auseinandergehalten. Wenn aber zu unterscheiden sei zwischen jener Rechtssphäre des Störers, die er mißbräuchlich überschritten habe und in deren Grenzen er zurückgewiesen werden solle, und jener anderen Rechtssphäre, die durch die Zurückverweisung eingeschränkt werde, so könne der Störer bei Zurückweisung in der letztgenannten Rechtssphäre (z. B. Eigentum) übermäßig oder sonstwie rechtswidrig beeinträchtigt werden[38]. Damit entfalle aber der innere Grund für die ausnahmslose und generelle Versagung einer Entschädigung. So sei ein Entschädigungsanspruch dem Grundsatz nach dann anzuerkennen, wenn jene mittelbare Rechtsbeeinträchtigung von unzumutbarem Gewicht sei[39].

3. Praktische Konsequenzen

Obgleich sich die Ansicht immer mehr durchsetzt, daß die Störereigenschaft allein noch nicht das konstituierende Element für eine entschädigungslose Inanspruchnahme ist, besteht hinsichtlich der Rechtsgrundlage für eine in bestimmten Fällen zu zahlende Entschädigung noch eine erhebliche dogmatische Unsicherheit. Alle Billigkeitsgesichtspunkte für eine Entschädigung haben sich wegen der engen dogmati-

---

[34] Vgl. *Quaritsch*, S. 457: „Deshalb ist zu fragen, ob polizeirechtlich störendes Eigentum überhaupt Eigentum im Sinne des Art. 14 I 1 GG ist."

[35] *Lerche*, Übermaß und Verfassungsrecht, S. 120, 136; *Gallwas*, Mißbrauch von Grundrechten, S. 107, 108; Anregungen für eine Differenzierung der Zustandspflichtigkeit: *Menger*, VerwArch. 50, 85; *Friauf*, Polizei- und Ordnungsrecht, S. 176.

[36] BVerwG, Urt. v. 24. 6. 1971 = DVBl. 1971, S. 751.

[37] *Lerche*, S. 120.

[38] *Lerche*, S. 136.

[39] *Lerche*, S. 137.

schen Verknüpfung zwischen Störereigenschaft und Rechtsfolge juristisch nicht durchsetzen können. Indessen wird mehr oder weniger ausdrücklich zugegeben, daß das geltende Polizei- und Ordnungsrecht insofern eine Lücke enthält, als es im Gegensatz zu zahlreichen sondergesetzlichen Regelungen[40] die Entschädigungsfrage offen gelassen hat.

Differenziert man im Sinne der Lehre Lerches zwischen der (entschädigungslosen) Inanspruchnahme des Störers entsprechend seiner Polizeipflichtigkeit und einem dabei möglicherweise erfolgten Eindringen in seine Rechtssphäre, so ist das Argument nicht mehr stichhaltig, daß rechtmäßige Maßnahmen der Sicherheitsbehörden allein deshalb entschädigungslos zulässig seien, weil damit kein ungleich belastendes Sonderopfer gefordert werde. Auch wenn dabei nicht auf das formelle Kriterium der gleichen oder ungleichen Belastung abgestellt wird, sondern auf das „materielle Moment der Schwere und Tragweite des Eingriffs"[41], kommt man zu dem Ergebnis, daß bei einem Vorgehen gegen den Störer nicht nur die Schrankenziehung geltend gemacht wird, sondern auch ein Eingriff in seine Rechtssphäre denkbar ist.

Gegen die von Quaritsch[42] und König[43] vertretene These, wonach eine störende Sache gar kein Eigentum im Sinne von Art. 14 Abs. 1 GG darstellt, wendet Maiwald[44] zutreffend ein, es müsse bezweifelt werden, ob die Verknüpfung des rein sicherheitsrechtlichen Zweckbegriffs Störer mit dem Verfassungsrang beanspruchenden Grundsatz der Enteignung wirklich so eng und unlösbar sei, wie die herrschende Meinung dies voraussetze. Die daraus teilweise gezogene Schlußfolgerung, der Störer befinde sich in Ausübung eines insoweit gar nicht bestehenden und damit auch durch Art. 14 GG nicht geschützten Eigentums, bedeute eine Vermengung von Rechts- und Rechtsschutzcharakter. Auch das störende Eigentum behalte seine Rechtsqualität als Eigentum, nur reiche der Schutz des Art. 14 GG nicht so weit, den Störungszustand unter Berufung auf die Grundrechte zu konservieren.

Diese Auffassungen finden ihre Bestätigung in einer neueren Entscheidung des Bundesverwaltungsgerichts[45]. Hier wird entgegen der Ansicht von Kriele[46] bejaht, daß die Entschädigungsregelung des § 51

---

[40] z. B. Entschädigung nach §§ 66 ff. Viehseuchengesetz vom 26. 6. 1909 (RGBl. 1909, S. 519); Reblausgesetz vom 6. 7. 1904 (RGBl., S. 261); ferner die Sonderregelungen gem. § 29 des Gesetzes zur Bekämpfung gemeingefährlicher Krankheiten (RGBl. 1900, S. 306) sowie § 51 GewO.

[41] BVerwGE 5,143 (145) = DVBl. 1957, S. 857 f.; BVerwGE 7,297 (299) = DVBl. 1959, S. 100.

[42] DVBl. 1959, S. 457.

[43] Allg. Sicherheits- und Polizeirecht, S. 444.

[44] BayVBl. 1966, S. 408.

[45] Urteil vom 24. 6. 1971 = DVBl. 1971, S. 751 = NJW 1971, S. 1475; vgl. dazu die Besprechung von Menger, VerwArch. 1972, S. 351 ff.

Abs. 1 GewO in denjenigen Fällen eine „Lücke" auszufüllen vermag, in denen ein Vorgehen gegen den Störer ausnahmsweise als Enteignung anzusehen wäre und die aus Gründen des Gemeinwohls notwendigen Anordnungen unterbleiben müßten, „weil das einschlägige Polizei- und Ordnungsrecht solche atypischen Fälle nicht geregelt hat".

Damit ist deutlich geworden, daß der Grundsatz, eine Polizeiverfügung könne schon rein begrifflich niemals eine Enteignung darstellen, in dieser Absolutheit nicht aufrechterhalten werden kann. Dabei kann als selbstverständlich unterstellt werden, daß sich die Entschädigungsfrage nur in Ausnahmefällen stellt. Sie wird immer dann akut werden, wenn ein Eingriff zur Aufrechterhaltung der öffentlichen Sicherheit oder Ordnung dringend geboten ist, dieser Eingriff aber — etwa weil er zum Verlust der Existenzgrundlage führt — nicht in angemessenem Verhältnis zur Verantwortlichkeit des Polizeipflichtigen steht. „Erst bei der Entschädigungsbemessung ist zu berücksichtigen, wieweit der Schaden durch den Störer mitverursacht wurde, von ihm mitverantwortet werden muß[47]."

Die praktischen Auswirkungen dieser Überlegungen führen weder zu einem „Recht auf Störung"[48] noch bedeuten sie eine „Prämiierung gemeinschädlichen Eigentums"[49]. Sie ermöglichen vielmehr eine weniger dogmatische Lösung des Spannungsverhältnisses zwischen Polizeipflicht und Eigentumsgarantie. Indem zusätzliche, die Störung wesentlich mitbeeinflussende Faktoren bei Inanspruchnahme des Störers Berücksichtigung finden, entfällt das strenge Ausschließlichkeitsverhältnis zwischen Polizeipflichtigkeit und Entschädigung und damit die Notwendigkeit, in Grenzfällen vom angestrebten Ergebnis her zu argumentieren.

Eine differenzierende Beurteilung der Polizei- und Ordnungspflicht bei gleichzeitiger Berücksichtigung der Rechte des Störers erscheint schwieriger als eine statische Begriffsbestimmung. Sie ist aber um der Rechtssicherheit willen notwendig.

---

[46] DÖV 1967, S. 533.
[47] *Lerche*, Übermaß, S. 137.
[48] *Samper*, PAG, Art. 9 Anm. 10.
[49] *Quaritsch*, DVBl. 1959, S. 459.

Schrifttumsverzeichnis

Achterberg, Norbert: „Öffentliche Ordnung" im pluralistischen Staat, in: Öffentliches Recht und Politik, Festschrift für Hans Ulrich Scupin zum 70. Geburtstag, Berlin 1973

Arnstedt, Oskar von: Das preußische Polizeirecht, Bd. 1, Berlin 1905

Bachof, Otto: Beurteilungsspielraum, Ermessen und unbestimmter Rechtsbegriff im Verwaltungsrecht, JZ 1955, S. 97—102

— Die Rechtsprechung des Bundesverwaltungsgerichts, JZ 1962, S. 399—404

— Ein neues Polizeigesetz in Bayern, DÖV 1955, S. 105—106

Bargatzky, Walter: Das neue Polizeirecht, Stuttgart 1949

Bender, Bernd: Zur Problematik der durch Staatsmacht begründeten öffentlich-rechtlichen Kompensations- und Restitutionspflichten, DÖV 1968, S. 156—163

Bergmann, Lutz: Der Begriff des Störers nach deutschem und schweizerischem Polizeirecht, Diss., Basel 1967

Berner, Georg: Gesetz über die Aufgaben und Befugnisse der Polizei in Bayern vom 16. 10. 1954, Kommentar, 3. Aufl., München 1965

Bettermann, Karl August: Grenzen der Grundrechte, Berlin 1968

— Die allgemeinen Gesetze als Schranken der Pressefreiheit, JZ 1964, S. 601—611

Bettermann, Karl August und Hans Carl *Nipperdey*: Die Grundrechte Bd. IV/2, Berlin 1962

Beye, Wilhelm: Zur Dogmatik polizeirechtlicher Verantwortlichkeit, Diss., Mainz 1969

Binding, Karl: Die Normen und ihre Übertretung, Bd. 1: Normen und Strafgesetze, 4. Aufl., Leipzig 1922 (Neudruck 1965)

Blomeyer-Bartenstein, Horst: Der polizeiliche Eingriff in Freiheiten und Rechte, Frankfurt 1951

Bock, Ludwig: Kausalität, Schuld und Rechtswidrigkeit im Polizeirecht, Stuttgart 1933

Böckenförde, Ernst-Wolfgang: Gesetz und gesetzgebende Gewalt, Berlin 1958

— Der „Stellvertreter-Fall", JuS 1966, S. 359—367

Caemmerer, Ernst von: Das Problem des Kausalzusammenhangs im Privatrecht, in: Gesammelte Schriften Bd. I, S. 395—410, Tübingen 1968

Claus, Carl: General Semantics, II. Teil: Studien im Recht, Berlin 1970

Czychowski, Manfred: Ordnungsbehördliche Maßnahmen nach Oelunfällen, DVBl. 1970, S. 379—385

Drews, Bill: Preußisches Polizeirecht, Allgemeiner Teil, Berlin 1927

Drews, Bill und Gerhard *Lassar:* Das preußische Polizeiverwaltungsgesetz, in: M. von Brauchitsch, Verwaltungsgesetze für Preußen, Bd. II, 1. Halbbd., 22. Aufl., Berlin 1932

Drews, Bill und Gerhard *Wacke:* Allgemeines Poilizeirecht, 7. Aufl., Berlin/ Köln/München/Bonn 1961

Dürig, Günter: Art. 2 des Grundgesetzes und die Generalermächtigung zu allgemeinpolizeilichen Maßnahmen, AöR Bd. 79 (1953/54), S. 57—86

Ehmke, Horst: Prinzipien der Verfassungsinterpretation VVDStRL Heft 20 (1963), S. 53—98

Engisch, Karl: Einführung in das juristische Denken, 2. Aufl., Stuttgart 1959

— Die Kausalität als Merkmal der strafrechtlichen Tatbestände, Tübingen 1931

Enneccerus, Ludwig und Heinrich *Lehmann:* Recht der Schuldverhältnisse, Tübingen 1958

Fikentscher, Wolfgang: Schuldrecht, 3. Aufl. Berlin/New York 1971

Fleiner, Fritz: Institutionen des deutschen Verwaltungsrechts, 8. Aufl. Tübingen 1928 (Neudruck Zürich 1939) zit.: Institutionen

Franzen, Wilhelm: Lehrkommentar zum Polizeiverwaltungsgesetz, Bd. I, Greifswald 1932

Friauf, Heinrich: Polizei- und Ordnugsrecht, in: Besonderes Verwaltungsrecht, Bad Homburg/Berlin/Zürich 1969

— „Latente Störung" — Rechtswirkungen der Bauerlaubnis und vorbeugende Nachbarklage, DVBl. 1971, S. 713—722

Friedrichs, Karl: Polizeiverwaltungsgesetz vom 1. 6. 1931, Kommentar, Berlin 1932

Gallwas, Hans-Ulrich: Der Mißbrauch von Grundrechten, Berlin 1967

Gass, Ernst: Ursache, Grund und Bedingung im Rechtsgeschehen. Ein Beitrag zum Kausalitätsproblem, Graz/Köln 1960

Götz, Volkmar: Allgemeines Polizei- und Ordnungsrecht, Göttingen 1970

Häberle, Peter: Öffentliches Interesse als juristisches Problem, Bad Homburg 1970

— Die Wesensgehaltsgarantie des Art. 19 Abs. 2 Grundgesetz, 2. Aufl., Karlsruhe 1972

Hatscheck, Julius: Lehrbuch des deutschen Verwaltungsrechts, 8. Aufl., Leipzig 1931

Hesse, Konrad: Grundzüge des Verfassungsrechts der Bundesrepublik Deutschland, 6. Aufl., Karlsruhe 1973

Hoffmann, Valentin: Der Verursacher im Polizeirecht und seine Verantwortlichkeit, Diss. Hamburg 1949

Holtzmann, Ernst: Grenzen der Handlungshaftung im Polizeirecht, DVBl. 1965, S. 902—903

Horn, Hans-Rudolf: Untersuchungen zur Struktur der Rechtswidrigkeit, Berlin 1962

Huber, Ulrich: Normzwecktheorie und Adäquanztheorie, JZ 1969 S. 677—683.

Hurst, Werner: Zur Problematik der polizeirechtlichen Handlungshaftung AöR Bd. 83 (n. F. Bd. 44), S. 43—90

Hurst, Werner: Zur Rechtsgrundlage der polizei- und ordnungsrechtlichen Haftung, Die Polizei 1961, S. 15 ff.

Jaschkowitz: Kausalität und Verschulden im Polizeirecht, DJZ 1926 S. 893—894

Jellink, Walter: Gesetz, Gesetzesanwendung und Zweckmäßigkeitserwägung, Tübingen 1913

— Verwaltungsrecht, 3. Aufl., Berlin 1931 (Nachdruck Offenburg 1948)

Jerusalem, Franz: Grundriß des Verwaltungsrechts, Frankfurt 1947

Kimmel, Rolf-Dieter: Eigentum und Polizei, Diss. München 1967

Klausener, Erich, Christian *Kerstiens* und Robert *Kempner*: Das Polizeiverwaltungsgesetz vom 1. 6. 1931, Kommentar, Berlin 1932

Klein, Hans H.: Zur Auslegung des Rechtsbegriffs der „öffentlichen Sicherheit und Ordnung", DVBl. 1971, S. 233—241

Knauth, Rudolf und Kurt *Wagner*: Landesverwaltungsordnung für Thüringen vom 10. 6. 1926, Weimar 1927

Knemeyer, Franz-Ludwig: Polizeibegriffe in Gesetzen des 15. bis 18. Jahrhunderts, AöR Bd. 92 (1967), S. 153—180

Köhler, Karl-Heinz: Rechtsstaat und Opportunitätsprinzip, DÖV 1956, S. 744—748

Köhler, Ludwig von: Grundlehren des deutschen Verwaltungsrechts, 4. Aufl., Stuttgart/Berlin 1935

König, Hans-Günther: Allgemeines Sicherheits- und Polizeirecht in Bayern, in: M. v. Brauchitsch, Verwaltungsgesetze des Bundes und der Länder Bd. III 2. Halbbd., Köln/Berlin/Bonn/München 1962

Kraemer, Hans-Joachim: Die Kausalität im öffentlichen Recht, NJW 1965, S. 183—187

Krämer, Franz und Klaus *Müller*: Ordnungsbehördengesetz NW, Kommentar, Köln, 2. Aufl. 1971

Krawietz, Werner: Das positive Recht und seine Funktion, Berlin 1967

Kriele, Martin: Plangewährleistungsansprüche? DÖV 1967, S. 531—538

Kries, Johann von: Über den Begriff der objectiven Möglichkeit und einige Anwendungen desselben, Vierteljahresschrift für wissensch. Philosophie 12 (1888), S. 179

Krüger, Herbert: Der Wesensgehalt der Grundrechte im Sinne des Art. 19 GG, DÖV 1955, S. 597—602

Lerche, Peter: Übermaß und Verfassungsrecht, Köln/Berlin 1961

Luhmann, Niklas: Grundrechte als Institution, Berlin 1965

Maier, Hans: Die ältere deutsche Staats- und Verwaltungslehre (Polizeiwissenschaft), Politica Bd. 13, Neuwied/Berlin 1966

Maiwald, Joachim: Rechtsgrundlagen für Einzelanordnungen der allgemeinen Sicherheitsbehörden, BayVBl. 1966, S. 404 ff.

Mangoldt, Hermann von und Friedrich *Klein*: Das Bonner Grundgesetz, Bd. I, Berlin/Frankfurt 1957

Maunz, Theodor, Günter *Dürig* und Roman *Herzog*: Grundgesetz, Kommentar, Bd. I, München 1971

Maurach, Reinhart: Deutsches Strafrecht, Allg. Teil, 4. Aufl., Karlsruhe 1971

Mayer, Franz: Die Eigenständigkeit des bayrischen Verwaltungsrechts — dargestellt an Bayerns Polizeirecht, München 1968

Mayer, Max Ernst: Der Kausalzusammenhang zwischen Handlung und Erfolg im Strafrecht, Freiburg 1899 (Neudruck Frankfurt 1967)

Mayer, Otto: Deutsches Verwaltungsrecht, Bd. I, 3. Aufl., München/Leipzig 1924 (Neudruck Berlin 1961)

Menger, Christian-Friedrich: Höchstrichterliche Rechtsprechung zum Verwaltungsrecht, VerwArch. Bd. 50 (1959), S. 77—92

— Gewerbefreiheit und ordnungsrechtliche Eingriffsermächtigung, VerwArch. Bd. 63 (1972) S. 351—354

Mohl, Robert von: Die Polizeiwissenschaft nach dem Grundsatz des Rechtsstaates, 3. Aufl., Tübingen 1866

Moser, Elimar: Welche Verursachungstheorie gilt im Rahmen der polizeirechtlichen Handlungshaftung? Diss. Tübingen 1960

Moser, Johann Jakob: Von der Landeshoheit in Policeysachen, Osnabrück 1968 (Neudruck der Ausgabe 1773)

Müller, Friedrich: Normstruktur und Normativität, Berlin 1966

Müller von: Der Verursachungsbegriff im Polizeirecht, RuPrVBl. 55 (1934), S. 334—339

Müller-Heidelberg, K. und H. W. *Clauss*: Das niedersächsische Gesetz über die öffentliche Sicherheit und Ordnung vom 21. 3. 1956, Kommentar, 2. Aufl., Hannover 1956

Neumann-Duisberg, Horst: Korrektur des Unmittelbarkeitsbegriffs beim Eingriff in den Gewerbebetrieb, NJW 1968, S. 1990—1992

Nipperdey, Hans Carl: Rechtswidrigkeit, Sozialadäquanz, Schuld im Zivilrecht, NJW 1957, S. 1777—1782

— s. Bettermann-Nipperdey, Handbuch der Grundrechte, Bd. IV, 2

Peters, Hans: Lehrbuch der Verwaltung, Berlin/Göttingen/Heidelberg 1949

— Die Polizeiwidrigkeit und ihre Beziehungen zur Rechtswidrigkeit, VerwArch. Bd. 29, S. 369—403

Pütter, Joh. Stephan: Insitutionis iuris publici Germanici, Göttingen 1792

Quaritsch, Helmut: Eigentum und Polizei, DVBl. 1959, S. 455—459

Rabel, Ernst: Das Recht des Warenkaufs, Bd. I, Berlin/Leipzig 1936

Raiser, Thomas: Adäquanztheorie und Haftung nach dem Schutzzweck der verletzten Norm, JZ 1963, S. 462—466

Reiff, Eduard: Begriff der Kausalität in der Unfallversicherung, NJW 1961, S. 630—633

Reiff, Hermann und Günter *Wöhrle*: Kommentar zum Polizeigesetz für Baden-Württemberg, 2. Aufl., Stuttgart 1971

Rietdorf, Fritz: Gesetz über Aufbau und Befugnisse der Ordnungsbehörden — OBG für das Land Nordrhein-Westfalen, Stuttgart/München/Hannover 1957

Rietdorf, Fritz, Gert *Heise*, Dieter *Böckenförde* und Bert *Strehlau*: Ordnungs- und Polizeirecht in Nordrhein-Westfalen, Kommentar, 2. Aufl., Stuttgart/München/Hannover 1972

Rödig, Jürgen: Die Denkform der Alternative in der Jurisprudenz, Heidelberg 1969

Rümelin, Max: Die Verwendung der Causalbegriffe im Straf- und Civilrecht, AcP Bd. 90 (Bd. 40 neue Folge) 1900, S. 171—344

Rupp, Hans Heinrich: Grundfragen der heutigen Verwaltungsrechtslehre, Tübingen 1965

Salzwedel, Jürgen: Zur Entwicklung des Polizeirechts in Deutschland in: Perspectivas del Derecho Público en la segunda mitad del siglo XX, Tomo IV, Madrid 1969, S. 1208—1242

Samper, Rudolf: Kommentar zum bayrischen Polizeiaufgabengesetz, 2. Aufl., München 1969

Sauter: „Bonjour Tristesse", Kritische Anmerkung zu einer polizeilichen Maßnahme, Die Verwaltungspraxis 1958, S. 227—229 und S. 273—274

Schäfer, Karl, Ernst *Wichards* und Kurt *Wille*: Das Polizeiverwaltungsgesetz vom 1. 6. 1931, Kommentar, Berlin 1932

Scheer, Bernhard und Hans*Trubel*: Preußisches Polizeiverwaltungsgesetz vom 1. 6. 1931 Kommentar, 6. Aufl., Hamburg 1961

Scheuner, Ulrich: Pressefreiheit, VVDStRL Heft 22 (1965), S. 1—100

— Die institutionellen Garantien des Grundgesetzes, in: Recht, Staat, Wirtschaft, Bd. IV, Düsseldorf 1953, S. 88

Schiedermair, Rudolf: Einführung in das bayerische Polizeirecht, München/Berlin 1961

Schleberger, Erwin: Polizei- und Ordnungsrecht Nordrhein-Westfalen, 2. Aufl., Siegburg 1970

Schneider, Egon: Anmerkung zu 3 Entscheidungen des BGH zum Enteignungsrecht, NJW 1967, S. 1750—1755

Schneider, Hans: Anmerkung zum Urteil des badischen Verwaltungsgerichtshofes vom 16. 9. 1952, JZ 1953, S. 240—241

Schnur, Roman: Probleme um den Störerbegriff im Polizeirecht, DVBl. 1962, S. 1—8

— Pressefreiheit, VVDStRL Heft 22 (1965), S. 101—159

Scholz-Forni, Kurt: Über die Verantwortlichkeit des Urhebers eines polizeiwidrigen Zustandes und über den Ausschluß der Verantwortlichkeit im Falle der Ausübung eines Rechtes, VerwArch. Bd. 30 (1925), S. 11—73, S. 244—298

Schulz-Schaeffer, Helmut: Wer ist polizeirechtlich mittelbarer Störer? NJW 1957, S. 1910—1911

Scupin, Hans Ulrich: Das Polizeirecht in der Bundesrepublik Deutschland, in: Handbuch der kommunalen Wissenschaft und Praxis, 2. Band, Berlin/Göttingen/Heidelberg 1957, S. 606—666

— Polizeirecht, in: Die Verwaltung, Heft 26 (1955), S. 1—43

Senger, Richard und Hugo *Kurzmann*: Kommentar zum Ordnungsbehördengesetz, Köln 1957

Staudinger, Julius von und Alfred *Werner*: Kommentar zum BGB, II. Band, 11. Aufl., Berlin 1967

Stier-Somlo, Fritz: Das Polizeiverwaltungsgesetz (PVG), Berlin 1932

Stümper, Alfred: Anmerkung zu einer polizeilichen Maßnahme des Polizeipräsidiums Stuttgart, Die Verwaltungspraxis 1958, S. 272—273

Thyrén, Johann Carl: Bemerkungen zu den kriminalistischen Kausaltheorien, Lund 1894

Traeger, Ludwig: Der Kausalbegriff im Straf- und Zivilrecht, Marburg 1904 (zit.: Kausalbegriff)

Ule, Carl Hermann und Ernst *Rasch*: Allgemeines Polizei- und Ordnungsrecht, in: M. von Brauchitsch, Verwaltungsgesetze des Bundes und der Länder, Bd. III, Köln/Berlin/Bonn/München 1965

Unruh, Georg-Christoph v.: Polizei als Tätigkeit der leistenden Verwaltung, DVBl. 1972, S. 469—475

Vogel, Klaus: Der Verursachungsbegriff im Polizeirecht, JuS 1961, S. 61—94

— Der Verwaltungsrechtsfall, 2. Aufl., Berlin/Frankfurt 1961

Vogel, Thilo und Ingo von *Münch*: Gerichtsentscheidungen zum Polizeirecht, Frankfurt/M. 1971

Wacke, Gerhard: Der Begriff der Verursachung im Polizeirecht, DÖV 1960, S. 93—97

— „Dorf-Policey-Ordnung und Instruction für die Dorf-Scholzen in Schlesien" — Quellen und Darstellungen zur schlesischen Geschichte, 15. Band — Würzburg 1971

Wagner, Heinz: Die Theorie in der Rechtswissenschaft, JuS 1963, S. 457—465

Welzel, Hans: Das deutsche Strafrecht, 11. Aufl., Berlin 1969

Werner, Fritz: Wandlungen des Polizeibegiffs? DVBl. 1957, S. 806—810

Wolff, Hans J.: Verwaltungsrecht I, 8. Aufl., München 1971

— Verwaltungsrecht III, 3. Aufl., München/Berlin 1973

— Die Gestaltung des Polizei- und Ordnungsrechts, insbesondere in der britischen Besatzungszone, VVDStRL Heft 9, S. 134—180

Wolzendorff, Kurt: Die Grenzen der Polizeigewalt, Erster Teil: Über den Umfang der Polizeigewalt im Polizeistaat, Marburg 1905 (zit.: Umfang der Polizeigewalt)

— Der Polizeigedanke des modernen Staates, Breslau 1918 (zit.: Polizeigedanke)

Wussow, Werner: Zur Lehre von der Sozialadäquanz, NJW 1958, S. 891—894

Printed by Libri Plureos GmbH
in Hamburg, Germany